기독교교육 현장론

— 장(場)을 중심으로

기독교교육 현장론
— 장(場)을 중심으로

1988년 1월 1일 초판 1쇄 펴냄
2022년 8월 1일 개정판 1쇄 펴냄

지은이 | 은준관
펴낸이 | 김영호
펴낸곳 | 도서출판 동연
등 록 | 제1-1383호(1992. 6. 12.)
주 소 | 서울시 마포구 월드컵로 163-3
전 화 | 02-335-2630 전 송 | 02-335-2640
이메일 | yh4321@gmail.com
블로그 | https://blog.naver.com/dong-yeon-press

Copyright ⓒ 은준관, 2022

ISBN 978-89-6447-811-0 94230
ISBN 978-89-6447-772-4 (은준관 교육신학 시리즈)

| 개정판 |

기독교교육
현장론

장(場)을 중심으로

은준관 지음

동연

개정판 서론

1987년 『기독교교육 현장론』 제1판이 출간된 지 33여 년이 지난 오늘, 대한민국은 그동안 민주화, 전자혁명, 과학기술화, 남북 대화 그리고 지구촌을 위협하는 코로나19를 거치면서 숨 가쁜 여정을 행진해 오고 있다. 급격한 역사의 변동은 한국교회의 정체성을 흔들고, 선교적 지형(mission context)과 기독교교육의 터전까지 크게 흔들었으며, 지금은 위기로까지 몰아가고 있다.

거기에 더하여 오늘 전 세계를 휘덮고 있는 세속도시의 횡포는 인간들을 쉴 새 없이 옮겨 다니게 만들고 자기의 정체는 감추고 가면을 쓰고 생존하는 익명의 인간으로 내몰고 있다. 이동(mobility)은 농촌을 공동화시키고, 익명은 도시를 비인간적·비인격적 도성으로 만들었다.

지난 100여 년간 농촌과 도시 중심에 서 있던 한국교회는 그 자리를 빼앗기고, 지금은 서서히 변두리로 내몰림을 받고 있다. 연쇄적으로 기독교교육의 현장인 교회학교, 가정, 기독교학교도 점차 현장성과 타당성을 잃어 가고 있다. '교회 없는 서구신학'이 공허한 것처럼, 현장 없는 한국교회와 기독교교육은 공허할 수밖에 없다. 그것은 마치 메마른 바다에 떠 있는 배, 땅 없는 농사, 손님 없는 상점처럼 오늘 한국교회와 기독교교육은 회중과 어린이, 청소년 없는 빈 공간으로 내몰림을 받고 있다.

오늘 기독교교육의 위기는 지도자, 프로그램, 시설 부족이 아니다. 교육이 살아 움직여야 하는 마당(場)이 사라진 교회, 가정, 학교가 위기이며, 이 현상 상실은 오늘 한국교회, 가정, 학교의 존재근거까지 흔들고 있는 내면적 위협이다.

필자는 『교육신학』(教育神學) 제15판 결론에서 미래기독교교육은 구심점을 프로그램, 행사로부터 "하나님의 나라와 하나님의 의를 구현하는 신앙 공동체로 옮겨야 하며, 이를 위한 과감한 패러다임 전환을 촉구한 바 있다.

예수께서 친히 선포하시고 자신이 친히 지신 십자가와 부활을 통해 임재하는 하나님 나라는 전 우주와 전 인류를 불러 모으시는 하나님의 초대이고, 깨지고 찢어진 이 역사를 치유하시고 싸매시는 하나님의 사랑과 경륜하심이라고 정의하였다.

아울러 하나님의 통치하심은 우리 하나하나의 삶, 가정, 교회, 학교, 사회를 품으시고 그것들을 하나님 나라를 경험하고 증언하는 통로로 세우셨다.

오늘 출간하는 개정판 『기독교교육 현장론』은 우리의 가정, 우리의 교회, 우리 학교, 우리 사회를 하나님과 우리, 우리와 우리 사이를 계시와 만남의 자리로 재해석하는 데 목적이 있다.

기독교교육 현장론은 끊어진 하나님과의 관계를 회복하고, 깨진 인간관계를 복원하며, 그 터전 위에 믿음, 소망, 사랑의 공동체를 세워갈 방향을 모색하는 데 목적이 있다.

개정판이 나오기까지 실천신학대학원대학교의 성실한 두 제자, 문석영 목사(TBC 성서 연구원 행정·기획실장, 평촌교회 부담임)와 김준호 목사(청주 어울림교회 담임)의 원고 정리의 노고가 숨어있으며, 출판을 맡아준 연세대 신과대학 제자, 김영호 장로(도서출판 동연 사장)의 수고가 숨어있다. 모두에게 깊은 감사를 보낸다.

2022년 4월

일산 서재에서

은준관 목사

서 론

오늘 교회가 수행하는 많은 사역 중에 유독 기독교교육은 어렵고
힘든 행진을 계속하고 있다. '상처 입은 패잔병의 남루한 모습으로…'
그렇지만 속도만은 늦추지 않은 채 걸어가고 있다.

일찍이 교회학교의 죽음을 선고한 웨스터호프(John Westerhoff)의
비판에도 불구하고, 학교의 죽음을 선고한 일리치(Ivan Illich)의 예언
에도 불구하고, 가정 붕괴를 예고한 뮐더(Walter Muelder)의 경고에도
불구하고, 사회의 침묵 문화를 경고한 프레이리(Paulo Freire)의 고발
에도 불구하고, 기독교교육은 오늘도 교회에서, 교회학교에서, 가정
에서, 학교와 사회에서 부름을 받은 소명과 책임을 무거운 행진으로
계속하고 있다.

그런데 문제는 전문가들이 만들어 놓은 좋은 자료, 목적 설정,
다양한 교육 방법은 화려한데, 기독교교육은 왜 이렇게 비틀거리는
것일까? 그것은 어린이·청소년·교사가 어울려 생명이 약동하고,
생명을 창조하는 마당·장이 사라진 데에 있다. 교사와 어린이는
누군가가 막간 뒤에 숨어서 읽어주는 각본을 따라 연기하고 말하는
꼭두각시로 전락했기 때문이다. 자신들의 삶의 이야기, 함께 나누는
신앙고백을 연출하는 마당과 예술이 결여되어 있기 때문이다.

가정 부재(homelessness)라는 말은 집이 없고 부모와 자식이 없다

는 의미가 아니다. 가정이라는 공간 안에서 오고 가야 하는 부부 사이, 부모와 자식 사이의 상호작용이 깨졌다는 의미이며, 함께 호흡해야 하는 삶과 생명의 숨결이 끊어졌다는 의미이다.

교회 죽음이라는 의미는 예배당, 제도, 교인이 없다는 의미가 아니다. 목회자와 성도 사이, 성도와 성도 사이에 오고 가는 신앙과 삶의 진솔한 나눔이 없다는 의미이며, 함께 경험하고 창조해야 하는 공동체가 깨지고 있다는 의미이다. 교회학교가 죽어간다는 말은 교사, 어린이, 교육체계가 없다는 의미가 아니다. 어린이 청소년들이 삶과 신앙의 주체로 용납되지 못하고, 누군가에 의해 조작되어 끌려다니는 객체로 전락한 것에 기인하고 있다는 의미이다.

학교의 죽음도, 사회의 죽음도 같은 원인에 기인하고 있다. 기독교교육 현장론은 우리의 삶과 신앙을 구성하고 형성하는 가정, 교회, 학교, 사회를 하나님의 창조 안에 있는 거룩한 질서로 재해석하고, 그곳을 살아 숨 쉬는 공간으로, 사람과 사람이 만나고 호흡하는 공동체로, 생명을 재생하는 장으로 다시 환원하려는 학문적 시도다.

가정, 교회, 학교, 사회는 성령께서 임재하셔서 깨진 관계를 치유하시는 공간이며, 기독교교육은 이 네 공간을 창조적 공동체로 다시 세우려는 학문적 디자인이고 설계이다.

교육신학과 기독교교육 현장론은 이론과 실천을 연결하고 종합하는 학문적 시도이다.

1988년 1월
일산 서재에서
은준관 목사

차 례

제I부

기독교교육 현장론 - 서설

1장
기독교교육의 현장의 정의

I. 인간: 불안한 실존

1979년 대한YMCA연맹은 의욕적인 연구 조사를 실시하고 그 결과를 발표한 바 있다. 보고서 제목은 "한국의 젊은이! 그들은 누구인가?"였으며, 그 속에는 몇 가지 중요한 주제와 쟁점들이 들어 있었다. 거기에는 젊은이들이 들고 나온 중심주제 하나가 있었다. 중심주제는 단 한 마디, 소외(疏外), 끊어짐(alienation)이었다.

모든 것으로부터 자신들은 끊어졌다는 젊은이들의 소외의식은 가정, 학교, 사회 심지어 교회 깊숙이 깔려 있었다. 오늘의 청소년들은 그 어디에도 소속되어 있지 않았다. 거기에 더하여 친구들 간의 무한경쟁, 입시 중심의 학교 교육은 오늘의 청소년들을 깊은 고독, 단절, 소외로 몰아갔다. 그러면서도 오늘의 젊은이들은 역으로 이 땅 구석구석에서 벌어지고 있는 기성세대의 추잡한 부정부패를 정확히 읽고, 그 원인까지 감식했다.

부(富)의 불균형, 사회 전반에 파고든 부정부패, 과잉 소비 풍조는 사회를 파괴하는 원인으로 인식하고 있었으며, 이에 대한 젊은이들의 비판은 크고 작은 저항으로 표출되었다.

문제는 이 거대한 부정부패에 대하여 자신들은 아무것도 할 수 없다는 무기력감이 포기, 체념, 침묵으로 표출되고 있었으며, 이는 극심한 고독과 불안을 낳았다.[1] 오늘 대한민국 청소년들은 한 마디로 불안한 존재였다. 여기까지 보고를 이어온 대한YMCA의 리포트는 한 가지를 결론으로 제안하였다.

> 기성세대는 이들 청소년들의 내면의 소리를 경청하고, 그들과 함께 새 문화 창조의 장(場), 마당을 만들어야 한다.…[2]

장(場), 론(論)은 1940년대 독일의 레빈(Kurt Lewin)이 명명한 'Gestalt theory'에서 온 학명이며, 이는 나와 환경 사이에 오고 가는 상호작용이 만들어내는 삶의 공간을 의미한다. 반면 현대인의 정신적 질환을 불안으로 규정하고 문제를 풀어간 학자는 실존주의 심층 심리학자 메이(Rollo May, 1904~1994)였다. 메이는 『불안의 의미』[3]에서 현대인의 불안을 두 가지로 정의했다.

---

1 대한YMCA연맹, 『한국의 젊은이, 그들은 누구인가?』(서울: 시사문화사), 1971, 13-69

2 *Ibid.*, 69.

3 Rollo May, *The Meaning of Anxiety*(New York: Ronald Press, 1950).

하나는 사회적 불안(social anxiety)이다. 사회적 불안은 밖으로부터 오는 위협이 만들어내는 불안이다. 핵, 전쟁, 경제의 불균형, 국가의 부정부패 등이 만들어내는 거대한 위협 앞에서 개인은 아무것도 할 수 없다는 한계 의식에서 오는 불안이 사회적 불안이다. 개인은 이 거대한 조직의 횡포 앞에서 불가항력적 존재이기에 체념할 수밖에 없으며, 그로 인해 생겨나는 불안! 그것을 사회적 불안이라 했다. 다른 하나는 심리적 불안이다. 심리적 불안은 인간 자아의 내면 깊이에 자리 잡은 소외감, 단절의식, 무의미성이 만들어내는 불안이다.

현대인은 이 두 가지 불안, 사회적 불안과 심리적 불안을 부둥켜안고 살아가는 실존이라고 메이는 정의한다.[4] 그러나 성경은 메이의 2차원적 불안에 제3차원으로 불리는 불안이 모든 인간을 사로잡고 있다고 증언한다. 그것은 영적 불안(spiritual anxiety)이다.

영적 불안은 하나님으로부터 끊어진 단절에서 오는 불안이다. 에덴동산의 선악과를 따 먹은 후 하나님의 낯을 피해 무화과나무 밑에 숨었던 아담과 하와의 소외와 불안은(창 3:1-10) 후일 사도 바울이 절규한 "오호라 나는 곤고한 사람이로다. 이 사망의 몸에서 누가 나를 건져내랴"(로마서 7:24)로 이어진 고백 속에 드러난 영적 불안이다. 하나님으로부터 끊어진 아담과 하와의 단절은 오늘 전 인류 속으로 퍼진 단절과 소외, 불안으로 퍼진 절규이고 고백이었다. 이것

---

4 *Ibid.*, 102.

을 틸리히(Paul Tillich) 교수는 '영적 불안'[5]이라고 했다. 그러기에 오늘 인간은 ① 사회적 불안 ② 심리적 불안 ③ 영적 불안을 안고 살아가는 정신질환자들이 되었다.

II. 불안의 극복

오늘 젊은이뿐 아니라 인간 모두는 내면에 스며든 심리적 불안, 사회적 불안, 영적 불안으로 순간마다 단절, 고독, 우울증을 안고 살아가는 실존이 되었다. 그래서 사람들은 이 불안을 극복하려고 나름대로 처방을 가지고 해결방안을 모색하였다.

① 아담과 하와는 무화과나무로 가리고
② 니체(F. Nietzsche)는 권력의지(will to power)로
③ 프로이드(Sigmund Freud)는 향락의지(will to pleasure)로
④ 자본주의는 금력(will to mammon)으로
⑤ 현대인은 전자혁명(Cybernetics)으로 불안을 극복하려 한다.

그러나 인간은 그 무엇으로도 인간 내면에 스며든 단절, 불안, 고독을 극복할 수는 없었다. 그 이유는 인간이 직면한 불안의 근원은

---

5 Paul Tillich, *The Courage to be*(New York: Yale University Press, 1952), 31-41.

존재의 근원(ultimate ground)으로부터 끊어진 존재론적 불안(ontological anxiety)이기 때문이다.

이 거대한 문제와 과감히 대결하고 나선 이는 기독교교육 학자며 교수였던 셰릴(Lewis J. Sherrill)이었다. 실존주의 신학자 틸리히와 심층 심리학자 메이로부터 깊은 영향을 받은 셰릴은 불안의 문제를 기독교교육학적으로 풀어간 선각자였다. 특히 그의 주저 *The Gift of Power*[6]는 인간의 불안을 신학과 기독교교육적 관점에서 풀어낸 역작이었다.

이 책에서 셰릴은 인간은 누구나 본래 자아(true self)와 실존적 자아(existing self)를 동시에 살아가는 역설적 존재(paradoxical being)라고 전제한다. 본래 자아는 우리 속에 잠겨있는 하나님의 형상(imago Dei)이며, 실존적 자아는 타락한 자아로서 순간마다 단절, 불안, 소외를 경험하는 부정적 자아다.

인간은 누구나 자신의 역설적 실존을 무엇으로도 스스로 극복하고 해결할 수 없는 한계를 안고 살아가는 실존이다. 그러나 어느 순간, 하나님께서 인간을 찾아오셔서 "인간을 만나 주시는 그때" 인간은 실존적 자아로부터 본래인 자아로 하나님 앞에 서게 된다고 보았다.

하나님께서 임재하시고 찾아 주시는 만남(confrontation)에서만(계시) 인간은 비로소 잃어버린 자아로부터 본래 자아로서 하나님 앞에

---

6 Lewis J. Sherrill, *The Gift of Power*(New York: The MacMillan Co., 1959).

서게 된다는 것이다. 그리고 "하나님 앞에 선 인간(being confronted by God)"은 이때 하나님 앞에 응답(response)할 수 있다고 보았다.

셰릴은 이 만남과 응답을 계시와 응답(Confrontation-response)이라 불렀으며, 여기서 만남과 응답은 삶을 변화시키는 힘이 된다고 보았다. 그것은 마치 하나님의 부르심을 받고 두렵고 떨리는 영혼으로 하나님 앞에 응답한 예언자 이사야, 예레미야, 에스겔, 아모스의 소명과 같은 것이다. 셰릴은 이를 하나님의 계시 앞에 인간이 드리는 '응답'이라 불렀으며, 이 응답에서 인간은 실존적 존재로부터 본래 자아로 존재화(being in becoming)된다고 보았다.

셰릴의 사상은 다음과 같이 요약된다.

인간 ― 실존적 자아, 본래 자아
만남 ― 하나님의 오심 ― 인간의 응답
존재화 ― 실존적 자아 ― 본래 자아로

그러기에 예나 지금이나 인간이 안고 있는 단절, 불안, 소외는 하나님께서 찾아오시는 만남에서만 인간은 비로소 하나님 앞에 본래 자아로 서게 되며, 하나님 앞에 응답하는 순간, 인간은 그 순간 비로소 존재화된다고 보았다. 이것이 셰릴이 제안한 '존재의 존재화'(being in becoming)이다. 이것이 신앙이다.

그러므로 신앙은 무엇을 믿는 것이 아니라, 하나님의 임재하심 앞에 응답하는 인간의 실존적 결단에서 주어지는 은혜의 선물이다.

III. 만남의 자리 — 기독교교육의 장(場)

Confrontation‐encounter로서의 만남은 어디서 일어나는 가? 셰릴은 이 만남의 자리를 기독교 공동체라고 불렀다. 기독교 공동체는 교회를 지칭하지만, 기독교 공동체는 보다 넓은 의미의 하나님의 임재하심과 인간의 응답에서 일어나는 상호작용의 자리 이며, 이를 통틀어 기독교 공동체라고 정의하였다. 그것은 가정일 수도, 학교일 수도, 사회일 수도 있다.

그리고 하나님과 인간의 만남을 근간으로 하는 인간과 인간의 만남의 자리를 코이노니아(koinonia)라고 불렀으며, 코이노니아는 단절되었던 너와 나 사이(between)를 다시 이어주는 결합의 자리라고 보았다.

그러기에 기독교 공동체는 하나님께서 임재하시는 자리이며, 하나님의 계시 앞에 인간이 응답하는 자리, 인간과 인간 사이의 상호작용이 일어나는 코이노니아 사이성(betweenness)이 창조되는 자리를 총칭한다. 이 자리가 교회이고, 가정이며, 학교이고 사회이다. 여기가 기독교교육이 일어나는 현장이다.

셰릴의 사상은 다음과 같이 요약 정리된다.

① 불안, 소외는 하나님과 너와의 단절에서 오는 정신적·영적 질환이다.

② 불안과 소외는 하나님과의 만남(계시와 응답)에서, 너와의 만남
(사이 성, 교제)에서 극복된다.

③ 하나님의 임재를 경험한 인간은 하나님 앞에 응답할 때, 인간은
비로소 참 인간이 되며, 인간과 인간 사이를 사랑과 교제의 자리
로 바꾼다.

④ 그 자리를 기독교 공동체라 부르며,

⑤ 이 공동체를 디자인하고 창조하고 상호작용을 불러오는 학문
적 시도를 기독교교육이라 하며,

⑥ 바로 그 현장은 교회, 가정, 학교, 사회이다.

2장
기독교교육 현장의 원형

I. 장(場)의 3차원

하나님의 임재하심과 인간이 응답하고 만나는 자리를 기독교교육의 현장이라 정의했다. 이 현장은 3차원으로 구성되는 마당, 장(場)이다. 처음 차원은 물리적 공간이다. 물리적 공간은 우리가 사는 집, 예배드리는 교회, 공부하는 학교, 지역사회, 국가의 영토를 포함한다.

장의 두 번째 차원은 인간과 인간이 만나고, 대화가 오고 가는 상호교류 관계의 자리이다. 서로를 용납하고, 수용하고, 경청하며 사랑을 나누는 상호작용은 관계를 형성하며, 이 관계는 장을 형성한다.

부부 사이, 부모와 자녀 사이, 목사와 교인 사이, 선생과 학생 사이, 지역 어른과 주민 사이, 정부와 국민 사이에 오고 가는 상호작용은 가정, 교회, 학교, 지역사회, 국가의 관계의 질을 창조하고,

이는 장을 형성한다.

장의 세 번째 차원은 영적 공간이다. 영적 공간은 물리적 공간, 관계의 장 속에 "예수의 이름으로 두 세 사람이 모인 곳에 함께 계시는 하나님"의 임재하심의 공간이다. 하나님의 임재하심은 우리가 사는 물리적 공간, 우리가 맺는 인간관계 속에 오셔서 이 영적 공간으로 변형하시고, 그 공간을 치유적 공간으로 변화시키신다. 하나님의 임재하심은 우리의 가정, 교회, 학교, 지역사회를 살아 숨 쉬는 생명의 공간으로 재창조하시며, 여기서 소외되고 단절된 자아들은 하나님의 자녀로, 하나님의 백성으로 변화시키시고 세우신다.

기독교교육학은 이 모두를 묶어서 기독교교육 현장이라 정의하며, 3차원(물리, 상호교류, 하나님과의 만남)이 만들어가는 가정, 교회, 학교, 사회를 기독교교육의 현장으로 정의한다. 성서는 이 현장을 ① 예배 공동체, ② 가정 공동체, ③ 학교 공동체, ④ 사회 공동체로 정의한다.

기독교교육학은 20세기에 들어와서 그동안 이론에만 치중해 오던 지난날의 한계를 넘어 장의 의미를 새로 포착하기 시작했다.

기독교교육 현장을 학문화한 최초의 선구자는 19세기 미국의 대학자, 부쉬넬(Horace Bushnell)이었다. 그의 주저, 『기독교적 양육』[1]은 기독교교육을 학문화한 최초의 작업이었으며, 특히 '가정'을 '장'으로 접근한 최초의 학문적 시도였다.

부쉬넬에 이어 20세기 초 기독교교육 현장으로서 가정, 교회,

---

1 Horace Bushnell, *Christian Nurture*(New Haven: Yale University Press, 1960).

학교, 사회를 부각시킨 학자는 진보적 종교교육학파의 대부였던 코(George Coe) 박사였다. 그리고 1950년대 신정통주의 신학파의 밀러(Randolph Miller) 예일대학교 신학대학원 기독교교육 교수가 뒤를 이었다. 그러나 코 박사는 가정, 교회, 학교, 사회를 기독교교육 기관(institution)으로 정의하였으며, 밀러 박사는 이 넷을 관계(relationship)라고 정의하였다.

문제는 제도로서의 기관과 단순한 관계가 어떻게 인간의 깊은 고독, 불안, 단절을 변화시키는 "장이 될 수 있는가?"라는 질문이었다. 이 물음 앞에 두 학자는 답하지 않는다. 두 학자는 장을 공간과 관계라는 수평적 차원에서 보았을 뿐, 하나님의 임재하심과 인간의 응답이 만나서 창조되는 자리, 거기서 사랑과 생명이 생성하는 장이라는 성서적 비밀은 포착하지 못했다.

그러나 제1장에서 전술한 셰릴은 장을 하나님의 계시적 오심과 인간의 응답이 만나서 창조하는 치유적 공간이 기독교교육의 현장이라고 정의했다.

II. 장(場)의 원형(原型)

1. 예배공동체

'현장'의 처음 유형은 예배공동체였다. 예배의 어원은 다양한 언어와 표현으로 정의되어왔다. 영어의 worship은 "하나님 앞에 충성을 바친다"라는 의미였고, 히브리어의 히샤하와(hishahawah)는 "엎드려 절하다"였으며, 헬라어 프로스쿠네인(proskunein)은 "복종과 존경을 드린다"라는 의미였다.

그러나 현대 예배신학자인 미국 동방교회 사제, 슈메만(Alexander Schememann)은 예배를 하나님의 임재하심과 인간을 부르시는 하나님의 초대라고 정의한다. 예배는 인간이 드리는 제사가 아니라, 하나님의 자기 계시이며, 인간을 찾아오시고 인간들을 초대하시는 하나님의 초청이라고 정의한다.

슈메만의 예배 정의는 셰릴이 주장하는 '만남'과 맥을 같이하는 사상이었다. 하나님의 초청은 인간의 응답를 부르시는 초대이다.

이 관점에서 성서에 나타난 예배공동체의 의미를 추적하면 다음과 같다.

구약에 나타난 처음 예배공동체는 성막(Tabernacle)이었다.
성막은 이집트를 탈출한 후 시내산에서 모세를 통해 이스라엘 민족에게 지시하신 예배공동체 구조였다. 특히 시내산에서 맺으신 시내산 언약은 이스라엘 민족을 거룩한 백성과 제사장 나라(출 19:6)로 인치는 위임이었다.

'거룩한 백성'은 세상 나라들로부터 구별되는 free from이었으며 '제사장 나라'는 세상 모든 사람의 아픔을 대신 지는 free for 대속의 의미였다. 시내산 언약에 이은 출애굽기 24:15-18의 십계명과 약자보호법은 이스라엘이 거룩한 백성, 제사장 나라가 되는 지침이고 법령이었다. 이 법령을 담은 법궤를 민족 행렬 중심에 둔 성막은 하나님 사랑, 이웃 사랑을 구현하는 예배모형이었다.

구약학 대가 폰 라트(von Rad)는 성막을 하나님께서 자신을 드러내시는 계시의 장으로 보았으며, 이스라엘과 친히 말씀하시고 만나시고 동행하시는 자리(moving presence)로 풀이했다.[2] 성막은 약속하신 땅, 가나안을 향해 이스라엘 속에 임재하시면서 동행하시는 하나님의 자리였다.

폰 라트는 이 성막을 "이동하는 하나님의 현존(God's moving presence)"이라는 역설로 표현했다. 가나안을 향해 이동하는 이스라엘은 성막을 통해 친히 임재하시고 말씀하시는 하나님을 만나고, 말씀 앞에 응답하였으며, 하나님의 인도하심을 따라 이동하였다. 그러기에 성막은 이동하는 현존이었다. 이때 성막은 출애굽과 유월절을 기억하고 하나님을 찬양하고 감사하는 이스라엘 민족의 예배공동체였다. 동시에 성막은 이스라엘 민족을 세우시고 인도하셨던 **신앙과 교육의 현장**이었다.

구약에는 두 번째 예배공동체, 성전이 등장했다.

이스라엘은 약속의 땅 가나안을 점령하고, 수도를 예루살렘으로 옮긴 후, 7년 만에 성전을 완공하여 하나님 앞에 봉헌하였다. 그러나

---

2 Gerhard von Rad, *Old Testament Theology*(New York: Harper & Row, Vol, I, 1962), 236.

성전은 성막과는 다른 규모와 다른 목적을 가지고 등장하였다. 성전의 모양은 정방형이었으며, 길이는 60큐빗, 폭은 22큐빗, 높이는 30큐빗이었다.

덤멜로우(J. R. Dummelow)는 성전의 규모와 특성을 다음과 같이 묘사한다.

솔로몬의 성전은 출애굽기 25장에서 37장에서 설정된 장막의 구조와 유사하다. 다만 길이와 폭은 장막(tent)의 3배였다. 지성소 (Holy of Holies)에는 법궤가 안치되어 있었으며, 법궤의 뚜껑은 하나님의 임재하심과 왕좌였다. 성소(Holy Place)에는 향단과 곡물 제단이 놓여 있었으며, 성전 뜰(Court Yard)에는 번제단과 그릇들이 놓여있었다.[3]

초기에는 규모와 건물 양식만 다를 뿐, 성막과 성전은 동일한 구조와 종교적 의미가 있었다. 그러나 성서학자인 뉴먼(Murray Newman)은 성막과 성전 사이에는 건널 수 없는 신앙적·신학적 괴리 하나가 깔려있었다고 풀이한다.[4]

예루살렘 성전은 분열되었던 이스라엘 민족을 하나로 통합하는

---

3 J. R. Dummelow, *A Commentary on the Holy Bible*(New York: The MacMillan Co., 1908), 214-215.

4 Murray L. Newman, *The People of Covenant*(Nashville: Abingdon Press, 1962), 172-173.

종교적 상징이었으며, 신생 이스라엘 국가를 세계에 알리는 종교의 중심이었다. 그리고 성전은 솔로몬의 왕권을 영원히 보장하는 약속의 표상이었다. 그러나 문제는 성전이 국가의 신전이 되면서, 성전은 왕실 채플로 전락하고, 약속의 땅을 향해 동행하시던 하나님, 친히 인도하시던 하나님은 성전 공간 안에 묶어두는 정적인 신, 죽은 신으로 전락시켰다.

이스라엘 민족과 동행하시던 하나님, 예배와 교육의 중심이었던 성막 공동체와는 달리 성전은 하나님을 공간 안에 모시고, 하나님의 백성인 이스라엘 민족과는 단절시키고, 그 중간에는 제사장이 중보자가 되고, 예배는 거대한 제사로 바뀌고, 백성은 제사를 관람하는 구경꾼으로 전락시키는 결과를 낳았다. 국가종교가 된 성전은 성막을 통하여 민족을 부르시고 말씀을 나누셨으며 앞길을 인도하셨던 하나님의 임재하심과 만남과 대화는 소멸하고, 형식만 찬란한 제사종교(cult)로 전락시켰다.[5]

여기서 성전은 생명을 창조하시고 인간을 친히 부르시고 말씀을 나누셨던 하나님과의 만남은 사라지고, 사람과 사람 사이 관계의 선(線)도 파괴되었다. 이 사상은 초대교회의 첫 순교자 스데반의 연설 속에서도 극명하게 드러났다.

성전은 시내산에서 가나안까지 민족의 중심이었던 성막-광야교회(행 7:38)를 포기하고, 타락의 상징인 예루살렘 성전(행 7:48)이 되었

---

5 *Ibid.*

으며, 결국 이스라엘은 신앙교육의 장을 상실하였다고 외쳤다. 이로 인해 스데반은 돌로 맞아 순교하였다.

구약의 세 번째 예배공동체: 회당(Synogogue)

회당의 기원은 확실치 않으나, BC 597년 바빌론 왕 느부갓네살이 예루살렘을 침략한 후 포로로 끌고 간 여호야김 왕과 만여 명의 유다 지도자가 살고 있던 바빌론 강가 어느 한 곳, 그곳을 제사장 겸 선지자였던 에스겔의 집으로 추정한다.[6]

하나님의 도성 예루살렘이 무너지고, 하나님의 성전이 파괴되고, 선택된 유다 백성은 포로가 되어 이방 나라 노예로 전락한 흑암의 날(Black Day), 이 비극과 심판을 지켜본 유다 포로들은 어느 날 하나님은 자기 백성, 이스라엘을 다시 구원하실 것이라는 소망을 가지고 모이기 시작한 회집(會集)이 회당(edah-synogogue)의 시작이었다.

이때의 주역은 제사장 겸 예언자인 에스겔이었다. BC 538년 영원하리라던 바빌론이 페르시아 고레스(Cyrus)에게 멸망하고, 그동안 포로가 되어 유배된 유다 민족은 다시 고향 예루살렘으로 돌아오고, BC 522년 제2 성전을 복원하고 봉헌하였다. 이때 바빌론에서 시작된 회당은 예루살렘과 유다 지역, 페르시아 제국 구석구석까지 퍼져나갔다.

이때의 회당은 성막과 예루살렘 성전 사이의 제3의 공동체로 출현

---

6 George Hedley, *Christian Worship*(New York: The MacMillan Co., 1953), 15.

하였다. 회당은 유대인이 거주하고 있는 모든 성읍으로 파고들었으며, 민족의 삶과 신앙을 결집하는 예배공동체로 자리매김하고 있었다. 주후 70년 로마의 손에 예루살렘 성전이 파괴된 이후에도, 회당은 세계에 흩어져 사는 디아스포라 유대인(diaspora Jew)들의 삶과 신앙을 떠받쳐주는 예배·교육공동체로 자리매김하였다. 회당 예배는 회당장이 주관하였으며, 하잔(Hazzan)이라는 교사가 교육을 담당하였다.

회당 예배는

① 셰마(Shema) 공동낭독
② 공동기도(18가지 축복기도 포함)
③ 토라 봉독(평신도가 봉독)
④ 예언자의 편지 낭독
⑤ 강론-Homily(회당장)
⑥ 교육-하잔(hazzan)
⑦ 축도-제사장

순으로 진행되었다. 이때 회당은 예배와 교육을 통해 민족의 정체성과 신앙을 지켜 온 교육의 장이었다.

많은 학자는 회당공동체의 의미를 두 가지로 집약한다. 첫째로 회당은 제사가 아니라 예배공동체였으며, 회당 예배는 교육적 의미를 담고 있었다고 피력한다. 예배가 곧 교육이었으며, 교육은 예배를 통하여 구현되었다. 그리고 회당은 회당장, 하잔을 포함하는 모든 신도가 참여하는 공동체였다.

회당은 토라(모세오경) 말씀을 중심으로 하는 예배와 가르침의 공동체였으며 거기에는 계시가 있었고, 경청과 만남이었으며, 가르침과 배움이 있었고, 공동체 창조가 있었다. 그러기에 회당은 예나 지금이나 이스라엘 민족에게는 삶과 신앙의 장이 되어 왔다.

그러나 성경에는 성막, 성전, 회당에 이어 네 번째 공동체가 등장한다. 네 번째 공동체는 사도행전에 등장하는 에클레시아(Ecclesia) 교회 공동체였다. 초대교회는 회당으로부터 모형을 배웠지만, 회당과는 근원적으로 다른 차원에서 출발하였다. 초대교회는 예수 그리스도의 십자가 죽으심과 죽음을 겪으시고 다시 사신 부활의 생명을 목격한 11 제자의 회심에서 시작되었다. 주님의 부활을 목격한 제자들은 갈릴리에서 죽음의 도성 예루살렘으로 올라와 제자들이 120명의 문도와 함께 성령강림을 통해 모이기 시작한 회집(ecclesia)이 예루살렘교회였다.

예루살렘교회는 예수 그리스도의 부활하심을 고백하고, 다시 오실 주님을 대망하고, 땅에서는 그리스도를 증언하는 예배·교육·선교를 통해 이 땅에 구현되었다. 처음 그리스도인들은 날마다 한 가정에 모여 하나님을 찬미하는 예배공동체(행 2:42-47)를 이루었으며, 온전히 부활하신 그리스도를 증거하는 증인 공동체였다(행 2:32-33). 예배는 말씀을 선포하고 가르치고 증언하는 교육이었으며,

특히 사도의 가르침은 구약을 통해 예수 그리스도의 십자가와 부활의 의미를 풀어간 교육이었으며, 후기 사도 시대에는 디다스칼로스 (Didaskalos)에 의해 말씀이 주해되었다.

그리고 초대교회 예배는 서로 교제하고, 떡을 떼고(애찬과 성만찬), 음식을 함께 먹고(형제애), 물건을 통용하고, 재산과 소유를 나눠 쓰는 코이노니아(koinonia) 공동체주의(communalism)로 구현되었다. 이어 초대교회는 고아와 과부, 나그네를 품고 돌보는 섬김의 (diakonia) 공동체로 이어졌다.

그러기에 초대교회는 처음부터 하나님 나라의 지상모형이었다. 거기에는 하나님의 계시와 임재하심이 있었고, 하나님 앞에 응답하는 하나님 백성이 있었으며, 사랑을 창조하는 코이노니아와 섬김이 있었다. 이때 하나님의 백성은 예배와 교육, 봉사와 섬김을 통해 하나님의 사랑을 배우고, 그리스도의 몸된 공동체를 세웠으며, 많은 사람의 삶을 변화시키고 있었다(행 2). 예수의 부활을 직접 목격한 베드로는 이때를 "젊은이는 환상을 보고, 늙은이는 꿈을 꾸는" 시대의 출현이라고 선언하였다(행 2:17).

그러기에 초대교회는 구약의 순례하는 공동체(성막)와 바빌론 포로기에 태동한 회당이 예수 그리스도에게서 완성된 새 공동체였다. 초대교회는 예배와 교육, 교제, 선교를 통합한 온전한 신앙을 이룬 공동체였으며, 이때 초대교회는 기독교교육 현장의 원형 (prototype)이었다.

2. 장(場)의 원형 II: 가정

구약과 신약에 나타난 기독교교육 현장 원형의 두 번째는 예배공동체에 이어 가정이었다.

스코틀랜드 글래스고대학(University of Glasgow) 신약학 교수인 바클레이(William Barclay)는 『고대세계의 교육사상』[7]에서 이스라엘은 민족 태동의 원년인 출애굽 사건과 민족 멸망의 상징인 바빌론 포로 사이에는 "예배와 가정만이 이스라엘 민족을 지탱해준 삶과 신앙"의 장이었다고 서술했다. 특히 이스라엘 가정은 민족의 신앙, 삶, 영적 동력까지 창조해 낸 주역이고, 교육의 중심이었다고 풀이한다.

모세의 마지막 설교로 알려진 신명기 6장 4-9절, 11장 18-19절에 나타난 셰마(shema)는 가나안을 정복한 이후 이스라엘 민족의 신앙과 삶을 형성한 원형이었다. "이스라엘아 들어라"로 시작하는 셰마는 크게 두 가지 매개를 통하여, 아버지가 아들에게 하나님의 말씀을 가르치고 훈계하는 방법이 되었다.

하나는 언어를 매체로 하는 가르침이었다. 가장인 아버지가 아들에게 출애굽 이야기, 시내산 언약 이야기, 광야 40년의 이야기, 가나안 정복 이야기를 들려주면, 아들들은 경청하고 질문하고 의미를 되새기는 대화식 교육이었다. 그리고 셰마는 생활교육으로 이어졌다. 아들에게는 농사일을 가르치고, 여아들에게는 요리법과 길쌈하

---

7 William Barclay, *Educational Ideals in the Ancient World*(Michigan: Baker Book Houses, 1959), 14.

는 법을 가르쳤다.

그 다음 가정교육의 매체는 종교의식이었다. 가정에서 실시한 종교
의식은

① 남아 출생 8일 후 할례의식

② 40일째 날 번제와 속죄제 드림

③ 매일 아침 치치트(Zizith)라는 목도리를 메고 아침 기도회에 참석

④ 성경 4절을 적어 넣어 만든 작은 상자 테필린(Tefillin)을 미간
혹은 손목에 매고 다니며 성경을 암송

⑤ 성경 말씀을 써서 넣은 메이즈자(Mezuzah) 가죽 자루를 문설주
와 바깥문에 달아놓고 출입할 때마다 말씀을 읽고 입 맞추는
예식

⑥ 13살 성인식 바르 미츠바(Bar Mizwah)에서 성인 언약을 맺는
예식

⑦ 안식일, 장막절, 유월절을 통하여 출애굽을 기억하고 감사하
는 민족적 예식으로 이어졌다.[8]

그러나 이스라엘 가정교육은 BC 587년 바빌론 왕국의 침략을
받고 포로로 끌려 온 후 일대 전환기에 접어들었다. 그들 앞에 전개된

---

8 Lewis J. Sherrill, *The Rise of Christian Education*(New York: The MacMillan Co.,
1944), 17-18.

거대한 바빌론 문화와 신전들 앞에서 왜소해지고 작아진 야웨신앙은 새로운 해석과 관점을 불러일으켰다. 특히 가정교육은 말과 암기와 종교의식 중심의 교육으로부터 생의 주기(life cycle)를 근간으로 하는 '발달심리'로 방향을 바꾸고 그 위에 체계적인 교육을 세우고 실시하였다.

발달심리는

① 1살 어린이: 왕자
② 2~3살 어린이: '돼지'
③ 4~10살: 토라 교육 · 셰마 암송 · 회당 예배 참석
④ 13살: 십계명
⑤ 15살: 토라 연구
⑥ 18살: 결혼
⑦ 20살: 직업
⑧ 30살: 힘의 축적
⑨ 40살: 판단력
⑩ 50살: 지혜
⑪ 60살: 완숙기
⑫ 70살: 황금기
⑬ 80살: 지혜
⑭ 100살: 하나님 앞으로

이 삶의 주기와 리듬을 따라 교육을 구조화해 갔다. 이 유대식 가정교육은 후일 발달심리학의 기초가 되고, 20세기 계단교육

˙(graded lesson)의 기초가 되었으며, 평생교육론의 선구자가 되었다.

성서에는 세 번째 신약시대의 가정교육이 등장하였다. 구약시대의 가정교육이 크게 초기 이스라엘의 셰마와 후기 발달단계 교육이었다면, 신약시대의 가정교육은 양육중심의 교육이었다. 양육 교육은 "아비들아, 너희 자녀를 노엽게 하지 말고 오직 주의 교훈과 훈계로 양육하라"라는 에베소서 6:4절 말씀에 근거를 두고 실시한 교육이었다.

파이데이아(paideia)는 헬라어 어원에서 온 양육(Nurture)이라는 의미였으며, 가르침(teaching)과 훈련(discipline)을 하나로 묶은 파이데이아 교육이었다. 특히 양육 중심의 인간화 교육은 자식을 향한 부모의 뜨거운 사랑과 돌봄, 심지어는 존경까지를 포함하는 교육이었다. 이 양육은 가르침뿐 아니라, 가정의 분위기, 자녀를 향한 존경과 사랑을 통한 관계 중심의 전인적 양육이었다.

이렇듯 히브리 계보의 가르침에서 발달심리로, 발달심리에서 양육으로 전환한 유대 교육은 당시 세계를 지배하던 헬라의 대화법과 로마의 웅변법과 쌍벽을 이루는 교육이었음을 보여주는 예증이었다. 한마디로 초대교회 가정교육은 주입식 교육이 아니라, 어린이 하나하나를 하나님의 형상으로 수용하는 부모의 자세에서 시작하여, 어린이를 하나님의 백성으로 세우는 양육이었다.9

---

9 *Ibid.*, 158.

3. 장(場)의 원형 III: 기독교교육 현장으로서의 학교(學校) — 신앙과 이성의 만남

성서에 나타난 세 번째 기독교교육 현장의 원형은 예배공동체, 가정에 이어 학교였다.

학교를 교육의 장으로 강조해온 전통은 널리 알려진 고대 그리스보다 고대 이스라엘이 먼저였다. 반유대주의(anti semitism)가 유럽으로 확산되면서 서구 역사는 이스라엘의 역사와 전통을 무시하고 오히려 뒤늦게 문명의 꽃을 피운 그리스의 플라톤이 세운 아카데미(Academy)와 아리스토텔레스가 세운 리시움(Lyceum)을 학교의 원형으로 내세웠다. 이는 당시 세계를 주도하고 있던 로마의 웅변학과 세계무대를 장악하고 있던 로마제국의 정치적 영향 때문이었다. 이 현상은 3000년 가까이 세계 여러 나라의 변방을 맴돌고 있던 디아스포라 유대민족(diaspora Jews)을 향한 서구 백인들의 우월의식이 유대 정통을 의도적으로 경시하는 경향에서 나온 결과였다.

그러나 20세기에 접어들면서 몇몇 역사가들은 지난 3000년간 학교를 교육의 장(場)으로 실시해 온 세계 역사의 흐름을 새로 조명하기 시작했다. 처음 역사가는 스위프트(Fletcher Swift)였다. 스위프트는 1919년에 발행한『고대 이스라엘의 종교교육』[10]에서 세계 최초의 학교 교육을 논하기 시작했다. 세계 최초의 학교는 BC 1000년경

---

10 Fletcher Swift, *Education in Ancient Israel*(Chicago: The Open Court Publishing Co., 1919), 3.

선지자 사무엘 시대에 등장한 선지학교(chool of the Prophets)와 엘리사가 계승한 학교였다고 주장한다.

선지학교는 당시 선지 후보생들에게 독서력, 필기법, 문학, 웅변술, 작문법을 가르친 학교였다고 한다. 선지학교는 당시 선지자들의 조합(Guild) 형태였으며, 길갈, 라마, 벧엘로 퍼지면서 선지학교는 점차 선지자 양성과 교사 양성으로까지 확대되었다고 했다.

당시 선지학교는 원로 선지자가 학교의 교장(Master)으로서 학교를 관장했으며, 과목은 신학, 법학, 천문학, 역사, 수학, 음악, 시(詩)로 확대되었다. 거기에 명상과 기도를 중심으로 하는 영성 수련은 기초가 되었다. 선지학교를 마친 졸업생들은 서기관, 선지자가 되었으며, 그들은 유대인의 지혜서, 탈무드를 집필하고 집대성한 주역들이었다.

이 학설에 가세한 역사가는 맥코믹(Patrick J. McCormick) 교수였으며, 맥코믹은 사무엘 시대의 선지학교가 세계 역사상 최초의 학교였다고 주장했다. 이 선지학교는 바빌론 포로기에 등장한 회당 안의 아카데미(랍비 교육)의 모형이었다고 주장했다.[11]

그리고 BC 75년에는 당시 산헤드린(Sanhedrin) 의장이었던 셰타치(Simon ben Shetach)가 내린 법령을 따라 모든 유대 어린이는 학교에 의무적으로 가야 했다. 이때부터 유대인은 이미 의무교육을 실시하였다고 풀이한다. 이것이 초등학교(Beth Hassepher)의 시작이었다.

---

11 Patrick McCormick, *History of Education*(Washington: Catholic University Press, 1953), 82.

일명 책의 집(the House of the Book)으로 불린 이 학교는 회당 구내 안에 건물을 짓고, 월요일에서 금요일까지 어린이들을 가르쳤다.

초기에는 서기관(Scribes)들이 교사직을 수행하였으나 점차 하잔 (Hazzan)이 계승하였다. 그리고 법으로 모든 동네는 반드시 초등학교를 설립해야 했으며, 한 교실에는 25명만을 수용하도록 하였다.

초등학교인 '베드 하세퍼'의 교과과목은 모세오경, 시편, 잠언, 전도서를 암기하는 교육이었으며, 히브리어를 필수로 가르쳐서 토라와 성경을 읽고 쓰게 하였다. 이렇게 시작한 초등학교는 그리스제국의 통치, 로마제국의 통치하에서도 계속 명맥을 유지하였으며, 초등학교는 이스라엘 민족의 신앙적 유산과 수난사를 보전하고 전승하는 민족교육의 장이 되었다. 초등학교의 출현, 발전, 성공은 민족교육의 초석이 되었을 뿐 아니라, 중등학교를 탄생시키는 모체가 되었다.

새로 태동한 중등학교는 베드 하미드라시(Beth Hamidrash)였으며, 일명 베드 탈무드(Beth Talmud)라고도 불렀다. 이 역시 회당 구역 안에 있었고 토라 해석과 연구, 히브리 성문서 연구, 헬라어, 종교법 연구·할라카(Halakah), 윤리학, 주석학, 설교학을 하나로 묶은 학가다(Haggadah)를 주 교육내용으로 하였다. 베드 하미드라시는 이미 높은 수준의 내용을 교육하고 있었다.

중등학교 교사는 하잔(Hazzan)이 아닌 소페림(Soferim)이라는 서기관이 담당하였으며, 소페림은 본래 왕궁 서기(royal secretary)였으며 이들은 후대 랍비, 바리새파, 사두개파의 시조로 알려졌다. 소페림이 사용한 교육 방법은 비유, 공개토의, 질의응답 등 첨단 교육 방법을 사용한 높은 질의 교육이었다.

그러나 불행히도 유대교의 화려한 학교 교육의 유산은 신약시대로 이어지지 못한 채 유대교 문화권 안에 머물렀으며 로마제국을 통해 세계를 제패한 그레코-로만 문화의 그늘 속에 위축된 채 명맥만을 이어 왔다.

4. 장(場)의 원형 IV: 사회

예배, 가정, 학교에 이어 성서에 나타난 네 번째 기독교교육의 원형은 '사회'였다. 예배, 가정, 학교를 장으로 만드는 논리의 전개는 비교적 수월한 논제였다. 그러나 사회를 장으로 하고 교육은 사회가 담고 있는 복잡하고 다원적인 차원들로 인해 쉽게 정의될 수 있는 영역이 아니었다. 그리고 많은 오해와 논쟁을 불러일으킬 수 있는 소재를 안고 있는 영역이었다.

그러기에 여기서는 사회가 무엇이고, 사회가 왜 교육의 장이 되는지에 대한 이유를 밝혀야 하는 과제와 마주한다.

구약과 신약이 경전화(canonize)되던 1세기와 4세기 사이, 세계는 헬라철학(Greek philosophy)의 주도하에 있었으며, 그들이 설파하는 이원론(dualism)이 지배하고 있었다. 이원론은 세계와 역사를 선과 악으로 갈라놓고, 선과 악은 영원히 대립하고 싸우는 이질적 차원으로 보았다. 이 이원론은 오늘날까지 전 세계, 전 인류, 모든 종교

속에 깊이 파고들었으며, 기독교에도 침투하여 지금도 강력한 영향력을 행사하고 있다.

이원론은 육은 타락하고 영혼은 거룩하며, 교회는 거룩하고, 세계는 타락하고, 나는 보수, 너는 진보로 갈라놓고, 삶의 모든 영역을 선과 악의 싸움터로 갈라놓았다. 특히 보수는 세상과 사회를 세속적 영역, 타락한 지평, 저주받은 땅으로 정죄하고 심판의 대상으로 보고 있다. 반대로 진보는 역사를 진화의 과정으로 보고, 인간은 이상사회를 건설하는 주역으로 이상화한다.

그러나 성서는 인간 역사와 세계를 선과 악으로 분리하는 이원론을 단호히 거부한다. 성서는 인간, 역사, 모든 삶의 영역을 하나님의 창조하심, 인간의 배신과 타락, 하나님의 심판하심 그리고 다시 구원하시는 하나님 구원의 장으로 풀이한다. 그리고 이 세계는 궁극적으로 하나님의 나라가 실현되는 무대로 해석한다. 그러기에 기독교 신앙이 보는 이 세계와 역사는 하나님께서 창조하시고 구원하시는 구원의 마당이고 과정이다. 하나님의 주권과 통치하심이 실현되는 구원의 무대이다. 구원은 이 역사와 세계를 하나님의 주권적 통치하심에 있는 지평으로 해석한다.

본래 세계와 역사는 하나님의 창조 작품이지만, 인간의 배신에서 비롯된 타락한 역사는 선과 악이 뒤얽힌 채 진행되는 역설적 지평으로 해석한다. 문제는 이 역설적인 지평은 인간의 어떤 제도나, 이념으로 해결할 수 없는 한계 안에 존재하는 데 있다. 오직 하나님의 주권적 개입에 의해서만 치유되고 구원될 수 있는 지평이다.

구약과 신약은 창조와 타락의 역사를 심판하시고 회복하시는 하나님의 구원하심에 대한 증언이다. 구약은 이스라엘 민족을 들어 이 세계를 구원하시는 하나님의 우주 구원을 증언하고 있으며, 거기에는 선택, 언약, 세우심의 담론을 담고 있다. 특히 출애굽 이후, 하나님께서 이스라엘과 맺으신 시내산 언약(출 19:16)은 이스라엘뿐 아니라 모든 인간이 지켜야 할 십계명으로 구현되었다.

십계명 1조에서 4조는 하나님을 향한 신앙이었으며, 5조에서 10조는 이웃을 향한 사랑으로 구성되어 있었다(출 20:1-17). 십계명은 하나님 사랑이 이웃 사랑을 결정하는 계명이었다. 특히 십계명은 노예 되었던 이스라엘을 이집트의 사슬에서 풀어주신 하나님의 구원을 기억하고, 하나님을 사랑하는 믿음 안에서 이웃을 사랑하는 순서로 구성되어 있었다. 인간으로서 나는 내 이웃을 사랑할 수 없지만, 나를 죽음에서 건져주신 하나님의 사랑을 기억하는 그때, 나는 이웃을 사랑할 수 있다는 의미이다. 시내산 언약과 십계명에서 출발한 하나님 사랑·이웃 사랑은 구체적인 사회·윤리적 책임으로 구현되었다.

출애굽기의 약자보호법, 레위기, 모세 6경 여러 곳에 명명된 도피성, 가나안 땅의 분배는 하나님 사랑이 이웃 사랑으로 구현된 제도였다.

이 문제를 정의(Justice) 개념으로 풀이한 사람은 20세기 대신학자, 틸리히(Paul Tillich) 교수였다. 틸리히 교수는 그의 명저 『사랑, 권력 그리고 정의』12에서 정의를 세 가지 범주로 설명한다.

정의의 처음 범주는 인권 정의(Attributive justice)이다. 약자보호법의 히브리 종의 자유(출 21:2-6), 여종의 인권(출 21:7-11), 부모의 인권(출 21:15)은 모두 기본인권이었다. 이 인권 정의는 모든 인류를 향하신 하나님의 약속이었다. 인간은 누구나 하나님 앞에서 '동등'하다는 인권 정의는 고대 이스라엘을 평등사회로 묶은 기본정의였으며, 이 정의는 이 지상 모든 나라와 민족에게 지대한 영향을 끼친 것으로 전해지고 있다.

두 번째는 분배 정의(Distributive Justice)였다. 매 6년 다음 해, 소산의 십 분의 일을 내어 기업이 없는 레위인과 우거하는 객과 고아와 과부들이 와서 배불리 먹게 하는 일(신 14:28-29), 매 50년마다 파종을 금하고, 땅과 노예를 본래의 주인에게 돌려주는 희년(레위기 25:8-17)은 가장 높은 분배 정의의 표현이었다. 그리고 약속의 땅 가나안을 정복한 후 여호수아가 12지파에게 분배한 땅은(여호수아 13-19) 이스라엘 민족이 세울 국가의 근간이었으며, 그것은 당시 모든 땅을 왕의 소유로 만들었던 이방 나라를 향한 큰 도전이었다.

그리고 틸리히 교수는 세 번째 정의를 법치 정의(Retributive Justice)라고 불렀다. 법치 정의는 남녀노소, 계급의 고하를 막론하고 누구든지 법을 어긴 행위와 죄에 대하여 심판을 가하는 정의였다. 폭력, 살인의 죄는 죽음으로 다스리고, 타인에게 손해를 입힌 죄는 응분의 배상을 부과하는 원칙을 수행하게 하였다(출 21:14-17).

이 세 가지 정의, 인권, 분배, 법치는 이스라엘 민족이 가나안

---

12 Paul Tillich, *Love, Power & Justice*(New York: Oxford University Press, 1960), 64.

땅에 세울 새 국가를 정의 사회로 구현하는 기본정의였으며, 이 정의는 하나님의 공의를 이 지상에 드러내는 상징들이었다.

그러나 문제는 이 세 가지 정의로 해결되지 않는 영역이 존재하는 데 있었다. 무죄한 사람이 억울하게 정죄를 받고 옥살이를 하는 경우, 사형에 처해지는 경우였다. 틸리히 교수는 이를 제4차원의 정의를 창조적 정의(Creative Justice)라고 불렀다. 창조적 정의는 위의 세 가지 정의로 설명할 수도 없고, 해결되지도 않는 문제를 해결하는 제4차원의 정의였다. 틸리히는 창조적 정의를 하나님의 희생적 사랑(Agape)이라고 불렀다. 창조적 정의는 모세 6경인 창세기, 출애굽기, 레위기, 민수기, 신명기, 여호수아서에 계속 출현하는 도피성 같은 것이었다.

① 출애굽기 21장 12-14에서 시작한 도피성 제정은 ② 민수기 35장 9-15절을 거쳐 ③ 여호수아 20장 1-6절로 이어지면서 계속 강조된 하나님의 명령이었다. 도피성은 살인자라 하더라도 '악의 없이 실수로' 사람을 죽였을 경우 그 사람을 보호하는 공간이었다. 이는 정의의 잣대로 해결할 수 없는 제4차원의 지대였다. 도피성은 하나님의 마음, 하나님의 사랑이 깃드는 공간이었다. 폴 틸리히가 말하는 창조적 정의가 보장되고 실현되는 하나님의 공간이었다. 도피성은 후대 공의와 정의를 외친 아모스와 사랑을 노래한 호세아를 합친 종합과 같은 것이었다. 그리고 도피성 사상은 바빌론 포로에서 풀림을 받고 예루살렘으로 돌아온 귀향민을 향해 외친 제3 이사야의 예언으로 이어졌다. "… 가난한 자에게 아름다운 소식을 … 마음이

상한 자를 고치며… 포로 된 자에게 자유를… 갇힌 자에게 놓임을, 모든 슬픈 자를 위로하는 아름다운 소식"으로 이어졌다(사 61:1-3).

그리고 창조적 정의는 예수 그리스도의 공생애 사역에서 절정을 이루었다. 오고 있는 하나님 나라는 가난한 자, 묶인 자, 눈먼 자, 억눌린 자 모두를 품으시는 하나님의 통치하심의 영역이고 사랑의 약속이었다. 십자가와 부활은 하나님의 아픔이고 승리였으며, 모든 사람을 하나님 나라로 초대하시는 하나님 사랑(Agape)의 표현이었다.

십자가와 부활에서 태동한 초대교회는 예수 그리스도에게서 오고 있는 하나님 나라를 이 지상, 역사, 인간 사회 속에 세운 잠정적, 증언적, 하나님 나라 공동체였다. "재산을 나눠 쓰고, 주인과 종, 객이 한 식탁에서 음식을 나누고, 고아와 과부를 돌본" 초대교회는 하나님의 창조적 정의(아가페)를 드러낸 하나님 나라 지상공동체였다.

그러므로 구약과 신약은 인권 정의, 분배 정의, 법치 정의를 기본으로 하는 사회를 꿈꾸고 외친 선각자들의 증언이었으며, 동시에 정의로 해결할 수 없는 제4차원 하나님의 사랑과 구원을 증언하고 있다.

비록 인간 역사와 사회는 타락했으나, 이 사회와 역사는 여전히 하나님의 통치하심 안에 있는 하나님의 지평이며, 인간 역사는 하나님의 정의가 실현되는 장이었다. 그러기에 성서적 신앙은 이 역사와 인간 사회를 궁극적으로 하나님의 공의와 사랑이 실현되는 구원의 장으로 받아들인다.

이것이 사회를 기독교교육 현장의 원형으로 수용하는 근거이다.

기독교교육은 기본적으로 교사와 학생, 교실이라는 교육적 교류를 교회 사역의 영역으로 수용한다. 동시에 하나님 사랑, 이웃 사랑을 창조하는 이 땅의 모든 공간, 가정, 교회, 학교, 사회를 기독교교육의 현장으로 수용한다. 기독교교육은 원초적으로 학생, 교실, 교재, 교사라는 네 차원이 창조하는 교육이지만, 그것을 담아내는 장은 교회(예배)이고, 가정이며, 학교이고 사회이다.

이 네 장(場)을 공동체로 현장화(現場化)하는 과제가 기독교교육 현장론이다.

교회교육론

1장
교회교육의 역사적 변천과 위기

프롤로그

제I부 기독교교육 현장론-서설에서 기독교교육 현장은 하나님의 임재하심과 인간의 응답이 만나고 만들어가는 공간(자리)라고 정의하였다. 그 자리는 예배공동체이고, 가정 공동체이며, 학교 공동체, 사회 공동체였다.

제II부 기독교교육 현장 I-교회교육론은 성서 시대의 예배공동체가 지녔던 신학적 의미, 역사적 변천과 위기, 미래 교회교육 전략을 내용과 범위로 설정한다. 지난날 기독교교육은 정리되지 못한 다양한 명칭들로 많은 혼란을 초래해온 것이 사실이다.

① 종교교육(Religious education)

② 기독교교육(Christian education)

③ 교회교육(Church education)

④ 주일학교(Sunday School)

⑤ 교회학교(Church School)

⑥ 주일교회학교(Sunday Church School)

등, 지난날 사용해온 이 명칭들은 개념의 정의와 범위의 규명 없이 혼용되어왔다. 특히 기독교교육을 주일학교 혹은 교회학교와 동일시 해온 관행은 기독교교육을 축소 내지 혼란으로 몰아넣은 원인이었다.

그러나 지난 20세기 중반에 등장한 해석학은 다양한 명칭의 성격과 범위를 새로 규정지어 주었다. 그중 가장 의미 있는 해석은 스미스 (Shelton Smith, Duke), 밀러(Randolph Miller, Yale), 그라임스(Ho- ward Grimes, Southern Methodist University), 웨스터호프(John Wes- terhoff, Duke)와 해리스(Maria Harris, 가톨릭 수녀)가 주장한 교회교육론이었다.

교회교육은 '교회'가 주체가 되어 교회 공동체를 교육의 장으로 하는 통전적 교육이다. 교회교육은 ① 주일교회학교, ② 평신도 교육, ③ 가정 교육, ④ 학교 교육, ⑤ 사회 교육까지를 포괄하며, 이들을 위한 정책, 전략, 지원을 제공하는 중심에 서 있다는 의미의 해석이었다.

이 해석은 지난 2000년 동안 혼란을 거듭해온 기독교교육의 역사, 내용, 범위를 보다 학문적으로 규명하고 새로 설계했다는 평가를 받았다.

I. 교회교육의 기원과 역사적 변천

1. 초대교회

예배를 근간으로 하는 교회교육의 원형은 2000년 전의 예루살렘 교회였다. 예루살렘교회는 예수 그리스도의 십자가 죽으심과 부활을 목격한 제자들이 120문도와 함께 예루살렘 한 다락방에 임재하신 성령의 능력을 받고 모이기 시작한 회집(Ecclesia)이었다.

이 회집은 예수 그리스도 안에서 전 인류를 불러 모으시는 하나님 나라의 모형이었다. 그러기에 예루살렘교회는 제사 중심의 성전이 아니었다. 오히려 회당(Synagogue)으로부터 형식을 이어받은 것으로 전해졌다. 특히 토라(Torah)를 중심으로 하는 예배와 교육의 합일체로서의 회당은 초대교회 형성의 중요한 모형이 되었다.

회당장, 교사인 하잔 원로 제사장이 회중과 함께 드린 공동예배와 교육은 회당을 하나님 백성 모두가 참여하는 신앙공동체로 만들었으며, 이 모형은 초대교회 형성에 지대한 영향을 끼친 것으로 전해지고 있다. 여기서 회당과 초대교회는 연속성 선상에 있었다. 그러나 내용 면에서 초대교회는 회당으로부터 차별화된 비연속성에 놓여 있었다.

초대교회는 토라가 아니라, 예수 그리스도의 십자가와 부활하심에서 하나님의 나라가 도래하고 있음을 신앙의 '핵'으로 하였으며, 교회는 하나님 나라를 선포하고 가르치기 위해 모인 공동체였다.

초대교회는 이 세상 모든 사람을 불러 모으시는 하나님의 회집(Ecclesia)의 모형이었으며, 사도는 말씀의 선포(Kerygma)를 교사는 가르침(Didache)을 통해 예수 그리스도를 증거하고, 하나님의 백성 모두는 예수의 몸과 피인 떡과 포도주를 함께 마시고(Eucharist), 집을 가진 주인은 성도, 노예, 객과 함께한 식탁에서 음식을 나누는 사랑의 교제(Koinonia)를 이루었다.

그리고 초대교회는 고아와 과부를 돌보고 재산을 팔아 나눠 쓰는 섬김을 실천하였다. 그러기에 초대교회는 말씀의 선포(Kerygma)와 가르침(Didache), 떡을 떼는 교제(Koinonia)와 성만찬(Eucharist), 고아와 과부를 돌보고 재산을 나눠 쓰는 섬김(Diakonia)을 통해 하나님나라 백성 공동체를 세웠다.

이 해석은 바르트(Karl Barth), 몰트만(Jürgen Moltmann), 웨스터호프에 의해 이루어졌다. 이들이 제시한 교회론은 설교 따로, 교육 따로, 교제와 선교를 따로 분리해 놓은 오늘의 세계교회와 한국교회를 향해 던진 강력한 경고였고 교훈이었다.

2. 역사적 변형: 예배와 교육의 분리

그러나 주후 313년 로마제국의 콘스탄티누스 1세(Constantinus)가 밀라노 칙령(Edict of Milan)을 발표하면서 초대교회는 급속도로 국가 종교로 변신하였다. 5세기 초기 중세교회는 예배를 미사(Missa)로 바꾸고, 이어 미사를 둘로 나누어 집행하기 시작했다.

하나를 미사 카테쿠메노룸(Missa Catechumenorum)이라고 불렀다. 이 미사는 영세받기 이전 수세자에게 성서와 교리, 도덕교육, 수세 준비를 가르치는 교육 미사였다. 그러나 두 번째 미사 피델리움(Missa Fedelium)은 영세받은 신자에게 베푸는 미사였다. 문제는 이때부터 교육은 미사에서 생략되었다. 초대교회 예배가 하나는 교육 미사로, 다른 하나는 성체 미사로 분리되면서 교육 미사는 교육만을, 성체 미사는 교육을 완전히 배제한 미사로 분리하였다.[1]

교육은 수세 이전에만 이루어지고, 영세 이후에는 교육이 전면 중단된 이원 구조로 변질되었다. 그 후 중세 로마가톨릭교회는 예배 로부터 분리된 교육을 학교에 일임하기 시작했다.

이때부터 학교는 ① 수도원 학교(Monastic Schools), ② 본당 학교 (Cathedral School), ③ 대학교(Universitas)로 변모하면서 교회가 포기한 교육을 전담하는 기관이 되었다.

이로써 중세교회는 예배는 교회로, 교육은 학교로 이원화함으로 써 교육은 교회로부터 완전히 배제되었다. 그 결과 교육이 배제된 예배·미사는 신비주의로 진화하기 시작했다. 이것이 교회사에 나타 난 예배와 교육이 분리된 시점이 되었다.

그러나 예배와 교육의 분리는 형식과 내용은 달리했지만, 종교개 혁 이후 개신교에서도 계속되었다. 루터(Martin Luther)의 종교개혁은 세 가지 신학 사상에서 출현하였다. 은혜로만(sola Gratia), 성경으로만

---

1 Lewis Sherrill, *Op. cit.*, 230-231.

(sola Scriptura, sola fides), 믿음으로만 하나님의 의롭게 여김(Justified)을 받는다는 신학 사상이었다. 이 사상은 사제의 중보 없이도 제사장인 신도는 누구나 하나님의 은혜에 의한 구원에 초청되었다는 사상이었다.

그리고 루터는 성경을 라틴어로부터 독일어로 번역하여 누구나 성경과 마주할 수 있는 길을 열었다. 이어 루터는 초등학교 설립을 권장하여 서민의 자녀들도 교육의 기회를 얻도록 길을 열었다. 성경, 은혜, 믿음, 의인(justification)의 신앙구조와 성경 번역, 초등학교 설립은 신앙·예배·교육을 하나로 묶은 큰 신앙구조였으며, 이는 루터의 천재적인 신학적 통찰과 해석에서 온 공헌이었다.

이 신앙구조는 교회론, "성도의 교제(communio sanctorum)" 안의 말씀 선포와 성례전 안에 용해된 연계였다. 이것은 초대교회 이후 약 1500년 동안 외면해왔던 예배와 교육의 통전성(統全性)을 다시 회복하는 중요한 계기가 되었다.

그러나 불행히도 루터는 예배에서의 말씀 선포와 교육의 관계를 분명히 하지 않았다. 그 대신 소교리문답서(small catechism)을 만들어 학교와 가정에서 자녀들을 가르치게 하였다. 이로써 루터는 예배, 교육, 교제, 섬김을 포괄하는 넓은 의미의 교회교육의 가능성은 열었으나, 교회를 장으로 하는 교육 대신 교리문답(catechsim), 학교, 가정으로 교육적 소명을 떠넘긴 약점을 드러냈다고 평가받고 있다.

이와 유사한 움직임은 칼뱅(John Calvin)에게로 이어졌다. 신학적 구조에서는 목사와 교사를 가르치는 '직'(office)안에 두면서도, 실천적 차원에서 칼뱅은 목사는 설교자로, 교사는 가르치는 자, 특히 제네바 아카데미(Geneva Academy) 교수로 이원화하였다.

루터의 종교개혁과 칼뱅의 제네바 종교개혁은 로마가톨릭교회의 신비주의로부터 말씀과 성례전의 교회로 회복한 공헌을 남겼다. 그러나 교회교육의 근간인 예배에서의 말씀 선포와 가르침의 관계는 다소 허술했다는 약점을 드러냈다.

그리고 교회교육의 역사적 변형은 18세기 영국에서 일어난 주일학교 운동에서 절정을 이루었다. 18세기 산업혁명이 영국을 난타하면서 생겨난 산업화, 도시화, 공장화, 인구이동, 청소년 노동, 각종 범죄는 기독교사회교육인 감독학교, 아동학교, 주일학교를 태동시키고, 특히 주일학교를 통한 영국 사회 개혁은 높은 평가를 받아왔다.

그러나 주일학교가 끼친 공헌에도 불구하고 주일학교는 18세기에서 20세기 말까지 200년 동안 교회가 주체가 되고, 교회가 장이 되는 교회교육을 더 큰 위기로 몰아넣었다. 성인들은 예배로, 어린이들은 주일학교에 떠넘기는 단절의 역사가 되풀이되었다. 이때부터 개신교회 신앙은 파편화된 신앙구조로 추락하였다.

결국, 예배와 교육의 단절은 5세기 로마가톨릭교회, 16세기 종교개혁, 18세기 주일학교의 등장을 거치면서 기묘한 단절, 분리의 역사를 되풀이하였다. 이것은 대단히 불행한 교회사의 한 단면이며, 기독교교육의 불행한 역사였다. 오늘 한국교회 위기 저변에는 말씀 선포와 교육의 단절이 자리잡고 있다고 보아야 할 것이다.

2장
교회교육론: 교육 신학적 논의

프롤로그

20세기 초 지구촌은 제1차 세계대전을 거치면서 낙관주의 성향의 자유주의 신학(Liberal Theology)이 무너지고 말씀의 신학(The Theology of the Word of God)으로 선회하기 시작했다. 이와 때를 맞춰 등장한 교육신학자들은 초대교회로부터 이탈한 2000년의 기독교 교육 역사를 다시 교회교육으로 되돌려 놓아야 한다고 목소리를 높였다.

표현과 강조는 달랐어도 20세기 교육신학자들은 한 가지 주제, 기독교교육은 교회가 교육의 주체가 되고, 교회가 교육의 장이 되는 교회교육을 다시 회복해야 한다는 데 일치하였다.

예배(Leitourgia), 선포(Kerygma), 가르침(Didache), 교제(Koinonia), 선교(Missio)는 교회가 수행하는 다양한 사역들이지만 그 저변에는 교육적 의미가 깔려있었으며, 이를 다시 회복해야 한다고 소리를 높였다. 이 모두를 묶은 것이 교회교육이고 이를 다시 살려내야 한다고 입을 모았다.

이 흐름의 처음 주자는 쉘튼 스미스(Sheltn Smith) 박사였다. 1900년에서 1940년 사이 자유주의 신학과 듀이(John Dewey)의 진보주의 사상이 경합하여 만들어낸 진보적 종교교육 학파 운동(Religous Education Movement)는 인간의 무한한 가능성과 역사의 진화를 외치고 있었다.

그러나 제1차 세계대전을 겪은 구미 세계는 인간은 타락한 실존이고, 역사를 파괴하는 괴물이라는 의식이 지배하면서 자유주의 신학과 진보교육의 근간을 흔들어 놓았다.

1940년 칼 바르트의 『로마서 강해』를 읽고 회심한 스미스는 외로이 그러나 과감한 언어로 기독교교육은 하나님의 은혜와 인간의 응답이 만나는 자리에서 출발해야 하고, 그 자리는 구속적 공동체인 교회를 통해서만 이루어진다고 외쳤다.

교회는 인간과 사회 사이의 단순한 상호작용, 사회화(socialization)의 장이 아니라 '예수 그리스도께서 성령을 통하여 창조하신 하나님의 공동체'이며, 사람을 구원하는 구속적 공동체이며, 구속의 은총을 경험하는 곳이라 했다. '구속적 공동체'(redemptive community)인 교회만이 기독교교육이 일어나는 장이라고 결론지었다.

1940년대 기독교교육을 진보적 종교교육인 '인간성장'으로부터 '하나님의 구속적 은총과 신앙과 교제'로 바꾸어 놓은 스미스의 교육

신학은 20세기 중반 이후의 세계 기독교교육의 흐름을 말씀, 교회, 신앙, 선교로 전환하는 계기를 마련하였다.[1]

스미스의 뒤를 이어 등장한 많은 교육신학자 중에 특별히 교회교육에 빛을 던진 대표적 교육신학자는 하워드 그라임스, 존 웨스터호프, 레티 러셀(Letty M. Russell, Yale)이었다. 이 세 신학자는 혼란과 위기로 향하던 세계 기독교교육의 방향을 인간성장 가능성으로부터 말씀과 신앙 공동체 중심의 교육으로 도약시킨 선구자들이었다.

I. 구속적 공동체, 교회와 교육: 하워드 그라임스 (Howard Grimes)

제2차 세계대전 당시 치열한 유럽 최전방에 육군 군목으로 참전하면서 수천, 수만의 젊은이들이 죽어 나가는 현장을 목격한 그라임스는 인간은 선(善)한 존재가 아님을 보았다. 타락한 인간은 하나님의 은혜로만 다시 인간이 될 수 있다는 신앙을 절감하였다.

그 후 박사학위를 받은 그라임스는 "서던 메소디스트대학교 퍼킨스 신학대학원(Perkins School of Theology, Southern Methodist University, Texas)"의 기독교교육 교수가 되었다.

교육신학자였던 그라임스는 텍사스의 한 작은 교회에서 부인과

---

1 Shelton Smith, *Faith and Nurture*(New York: Charles Scribner's Sons, 1948).

함께 35년간 교회학교 성인부 교사직을 수행하면서 교회, 신앙공동체를 통해 임재하시고 역사하시는 하나님의 구원과 거기서 비롯되는 자신과 신자들의 영적 회심과 변화를 경험하였다.

이 경험은 교회 공동체만이 성령께서 오셔서 인간들을 치유하시고 구원하시는 구속적 공동체임을 발견하는 기점이 되었다.

이 신앙적 · 신학적 경험은 1958년 그의 주저, *The Church Redemptive* 출판으로 이어졌으며, 이 책은 당시 황금기를 누리기 시작하던 기독교교육 시대의 한 축이 되었다.[2] 이 책에서 그라임스는 기독교교육은 교회가 주체가 되고, 교회가 장이 되는 교회교육이라고 정의한다.

교회교육이란 교회가 주체가 되고, 교회가 교육의 장이 되어 모든 구성원은 하나님의 말씀과 만나고(예배), 말씀을 가르치고 배우며(설교와 교육), 교제를 나누고(성도의 교제), 말씀을 증언하는 증언자로 훈련받는(선교) 공동체를 의미했다.

이 교회는 그리스도를 통하여 하나님께서 인간과 맺으신 언약 공동체(covenant community)이다. 이 언약은 하나님의 신실하신 약속이며, 예수 그리스도의 십자가와 부활을 통하여 확증하셨으며, 이 언약은 인간을 향하신 하나님의 무한하신 은혜이고, 사랑이며, 언약은 인간을 치유하고 구원하는 하나님의 능력이라고 보았다. 그래서 그라임스는 교회를 구속적 공동체로 정의한다. 구속적 공동체인

---

2 Howard Grimes, *The Church Redemptive*(Abingdon Press, 1958).

교회는 하나님께서 그의 백성을 그리스도의 언약으로 초청하는 통로이다.

그라임스는 이 통로를 네 가지로 풀이했다.

언약 공동체의 처음 통로는 '예배'다.

예배는 성령을 통하여 임재하시는 하나님의 구원의 재연(再演)이며, 여기서 신앙인은 은혜와 사랑으로 오시는 하나님의 구원 앞에 감사와 찬양으로 응답하는 하나님의 백성들이다. 이 예배는 하나님과의 만남이고 응답이며, 치유와 배움(교육)이 일어나는 자리다.

언약 공동체인 교회의 두 번째 통로는 가르침이다.

이 가르침은 양육을 포함하는 교육이었다. 공식적인 가르침(didache)과 비공식적인 관계(Paideia)를 통해 언약 공동체인 교회는 어린이로부터 성인에 이르는 하나님의 백성 모두가 성령 안에서 '인격적이고 창조적인 만남'과 '배움'으로 인도함을 받는다. 여기에는 유·초등 교회학교, 중고등부, 성인 성서 연구가 포함되며, 가정교육까지를 아우르는 총체적인 통로를 일컫는다.

그라임스는 여기서 세계 모든 교회가 범해오는 통로의 이원론, 케리그마(선포)와 디다케(가르침)의 분리를 다시 예배 안에서 선포와 가르침의 연계를 통해 설교는 회개를, 가르침은 말씀의 성숙으로 이어지는 신앙의 합일을 모색하였다.

성숙이 뒤따르지 않는 회개는 '감정주의'에 빠지고, 회개 없는 성숙은 '주지주의'에 빠진다고 보았다. 그러기에 교회는 예배 안에서 설교와 교육이 연계되는 교육의 '장', '교회교육'이라 정의한다. 그리고 언약 공동체인 교회는 예배, 설교, 교육에 이어 세 번째 통로인 코이노니아를 통해 신앙의 성숙으로 이어진다고 했다.

특히 소그룹 모임을 통한 관계의 질을 소중히 여긴 그라임스는 소그룹을 코이노이아의 배움의 통로로 보았다. 이 사상은 일찍이 독일 경건주의의 '교회 안의 작은 교회'(Ecclesiolae in ecclesia)로부터 유래한 작은 모임에서 왔으며, 작은 모임 안에서의 관계, 만남, 친밀을 통한 성장과 성숙을 과감히 교회교육에 도입하였다. 중요한 것은 대화이고, 경청이며, 긍정이다. 지도자는 가르치는 자가 아니라 그룹과 함께하는 성장하는 민주적 지도자여야 한다. 이는 초대 가정교회 모형으로부터 온 전승이었다. 그리고 그라임스는 언약 공동체인 교회의 네 번째 통로를 선교(Mission)라고 보았다. 선교는 봉사(Service), 전도(Evangelism), 섬김(Diakonia)을 포함했으며, 이 모두는 정치, 경제, 사회, 경제 모든 분야에서 이루어지는 교회의 아웃리치(Outreach)며, 이 모든 행위 자체가 교회교육이라고 정의한다.

그라임스의 교회교육론은 겉으로는 온건한 것처럼 보이지만, 예배, 설교, 교육, 교제, 선교를 단절시키고, 교회의 소중한 교육적 소임을 유년 주일학교에 일임해온 지난 200년의 과오와 실패를 근본에서 수정하고, 다시 초대교회의 구조로 환원하려는 혁명적 시도였다.

그라임스는 교회가 주체가 되고, 교회가 장이 되는 교회교육을 체제적인 조직이론(system)으로 풀이한 교육신학자였다.

II. '종교적 문화화'로서의 교회교육: 존 웨스터호프 (John Westerhoff)

교회가 교육의 주체가 되고, 교회가 교육의 장이 되어야 하는 절규는 기독교교육의 풍운아로 알려진 존 웨스터호프로 이어졌다.

교회교육의 실패를 교회학교에 떠넘긴 미국 교회의 무책임을 예리하게 비판하고 나선 웨스터호프는 교회학교의 실패 원인까지 들고 나왔다. 교회학교의 실패는 공동체를 통해 형성되어야 할 신앙을 학교식(schooling)·교수식(instructional paradigm)으로 가르쳐 온 데에서 찾았다.3

웨스터호프의 비판은 교육의 공동체적 책임과 소명을 상실한 미국 교회의 무감각과 기독교교육 지도자들의 무책임을 향한 예리한 도전이었다. 특히 그의 비판은 아직 교회학교가 미국 교회의 교육을 주도하고 있던 1970년 초에 주어지면서 더 거센 폭풍을 일으켰다.

그러나 당시 많은 미국 교육신학자와 지도자들은 웨스터호프를 향해 가혹한 비판을 가했다. 그러나 이에 굴하지 아니한 웨스터호프

---

3 John Westerhoff, *Values for tomorrow's children*(Philadelphia: Pilgrim Press, 1970).

는 자신의 또 다른 책, *Will Our Children have Faith?*4에서 자기의 사상을 펼쳤다. 그는 교회는 본질상 기독교 신앙공동체이며, 신앙공동체가 되기 위해서는 신앙의 문화화(Faith Enculturaton)를 거쳐야 한다고 역설하였다.

신앙의 문화화 혹은 종교적 사회화(Religious socialization)란 첫째 교회의 예전(Ritual)을 통하여, 둘째 경험(experience)을 통하여, 셋째 행동(action)을 통해 세대 간에 일어나는 상호작용이 신앙 경험이라고 정의했다. 언어의 표현은 달리했으나 웨스터호프도 교회교육은 예배, 경험, 선교라는 3중 구도를 아우르는 공동체 교육임을 강조했다.

그러나 웨스터호프는 몇 가지 약점을 가지고 있다. 교회의 구속적 차원의 결여, 대안 없는 '교회학교 폐기론'은 그의 약점이다. 그럼에도 기독교교육을 교회 모든 구성원이 함께하는 예전, 경험, 행동을 통한 신앙의 문화화(전승과 수정) 과정으로 풀이한 웨스터호프의 시도는 교회교육 회복에 긍정적인 결과를 가져왔다는 평가를 받는다.

III. 증인 공동체로서의 선교와 교육: 레티 러셀(Letty Russell)

기독교교육을 '주일학교'로부터 교회 공동체 교육으로 전환한 세

---

4 John Westerhoff, *Will Our Children have Faith?*(New York: Seabury Press, 1976).

번째 교육신학자는 예일대학교 신학대학원 교수인 레티 러셀이다.

한때 뉴욕의 흑인 빈민촌, 동 할렘가(East Harlem)에 위치한 연합개신교회의 교육 목사로 봉직한 러셀 교수는 전통적인 주일학교식 전달 방법으로는 아무런 변화도, 창조도 일어나지 않는 한계에 부딪히고, 출구도 보이지 않는 절벽과 마주하였다. 돌처럼 굳어진 주일학교, 교회 확장의 수단으로 전락한 교회학교, 심지어는 민주주의의 하수인으로 변형된 주일학교는 한계에 이르렀다고 절규했다.

그러던 어느 날 러셀은 당시 강력한 임팩트를 가지고 전 세계교회를 일깨우기 시작한 세계교회협의회(WCC, World Council of Churches)의 'missio Dei'신학, 일명 '하나님 선교' 신학에 눈을 돌렸다. 그리고 러셀은 missio Dei 신학에서 받은 영감으로 기독교교육을 새로운 관점과 구조에서 풀기 시작했다.

기독교교육은 인간 가능성(자유주의 신학), 말씀의 신학(신정통주의 신학)을 넘어 '예수 그리스도와 세계 사이의 대화'라는 선교 신학적 모티브에 집중하고 거기서 출발해야 한다고 보았다.[5]

그리스도와 세계 사이의 대화, 그 자리는 예수 그리스도의 이름으로 모인 사람들의 모임이며, 그리스도의 사랑 안에서 하나가 된 사람들이 나누는 공동체라고 정의했다.

예수 그리스도를 중심으로 모인 대화 공동체는 그리스도를 통하여 이 세계와 말씀하시고 지금도 일하시는 하나님의 선교(missio

---

5 Letty M. Russell, *Christian Education in Mission*(Philadelphia: Westminster Press, 1976).

Dei)에 부름을 받은 사람들의 선교적 공동체라는 것! 그리고 이 교회는 세계 속으로 보내시는 하나님의 선교의 부름을 받은 공동체이며, 교회는 이 보내심에 응답하는 대화·선교 공동체라고 보았다. 그러기에 러셀에게 기독교교육은 근본적으로 선교 교육이며, 교회는 증인 공동체(Witnessing Community)라고 정의한다.

여기서 러셀은 기독교교육을 '인간 가능성'(자유주의-진보학파), '말씀과 구속'(신정통주의)을 주장해온 교육신학을 넘어 그리스도 안에서의 세계와의 대화와 섬김이라는 두 축으로 초점을 옮겨놓았다. 기독교교육의 장을 인간 경험의 '내면화'로부터 '선교'라는 역사의 지평으로 옮긴 것이다.

특히 러셀의 선교교육론은 근일 논의되는 선교적 교회(Missional Church)의 2차원(교회가 선교의 주체가 되는)을 넘어 3차원 '하나님-세계-교회'에 근거한 선교교육론이었다.

기독교교육은 예수 그리스도 안에서 말씀하시는 하나님과 세계 사이의 대화에 참여하는 신앙공동체의 모임이고 대화이고 교제이고 봉사와 선교라는 결론이었다.

이어 러셀은 선교교육을 ① 가족형 대화 모임(Family Structure) ② 영속적 봉사 구조(Permanent Availability Structure) ③ 응급대응 부대(Task Force) 등 세 가지의 구조를 통해 구현할 것을 촉구하였다.

대화 공동체인 교회는 이 세 구조를 통해 이 세상에서 하나님의 선교를 수행하는 '증인 공동체'이며, 이것이 교회교육의 목적임을 분명히 했다.

IV. 결론적 논거: 하나님 나라 백성을 세우는 교회교육

제II부 교회교육론에서 지난날 교회는 교회의 교육적 소명을 '주일학교'에 떠넘기고, 교회는 예배만 드리는 '예배공동체'로 분리해온 지난날의 과오를 비판적으로 회고하였다. 그리고 초대교회의 유산을 현재화하는 여러 시도들을 논의하였다.

특히 스미스, 그라임스, 웨스터호프, 러셀의 교육신학적 공헌은 기독교교육을 교회가 주체가 되고, 교회를 장으로 하는 교회교육으로 되돌려 놓을 수 있는 터전과 토대를 놓은 공헌으로 평가하였다.

그러나 이 모든 논의 뒤에는 한 가지 중요한 신학적 주제 하나가 결여되어 있었다. 모든 논의에 하나님 나라(Basileia tou Theou), 하나님의 통치(the Reign of God) 사상이 결여되어 있었다. '하나님의 나라'와 그 의를 먼저 구하라(마 6:33)고 하신 주님의 말씀은 반영되지 않았다.

예수의 공생애 사역은 한마디로 오고 있는 하나님 나라의 선언이었다. 사역의 방법은 12제자의 부름이고, 대화였으며, 기적 행함이었다. 그리고 제자를 부르신 목적은 모든 사람을 하나님의 백성으로 부르시고, 세우시고, 보내시는 하나님의 구원을 증언하기 위함이었다.

복음서는 이 소박한 그러나 결정적인 예수의 메시지가 이 세계와 인류를 구원하고, 교회를 세우고 보내시는 절정이었음을 증언한다.

오늘 한국교회의 미래는 오고 있는 하나님 나라를 중심으로 교회가 주체가 되고, 교회를 장으로 하는 교회교육을 회복해야 하며, 그것은 하나님 나라와 의를 이 지상에 선포하고 모든 백성을 하나님

의 백성으로 모으고 세우고 보내는 교육과 목회로 전환하는 길일
것이다.

3장
교회교육 회복을 위한 전략적 제언

하나님 나라를 선포하고, 하나님의 임재하심을 만나고 응답하는
교회는 다음 네 가지의 신앙체계를 통하여 하나님의 이 땅에 구현하
고 교회를 역동적인 교육공동체로 전환할 수 있을 것이다.

I. 처음은 예배와 교육의 만남이다

예배는 교육이 아니다. 그러나 하나님의 임재하심과 초대하심을
향한 인간의 응답, 감사와 찬양, 말씀의 증언, 세상을 향한 파송으로
구현되는 예배는 신자 하나하나가 하나님의 백성으로 거듭나고 다
시 태어나는 소중한 통로이다. 이것은 예배의 교육적 차원이다.

예배는 교육이 아니지만, 예배는 그 안에 교육적 의미를 함유하고
있기 때문이다.

전통적 예배학자들은 예배를 영원자를 향한 경배(Underhill), 구원의 재연(Allmen), 계시와 응답의 만남(Paul Hoon)으로 해석하지만, 현대 예배학자들은 '예배를 하나님 나라의 임재하심과 하나님 백성을 부르시는 초청'으로 해석한다.

여기에는 미국 정교회의 슈메만(Alexander Schumemann)과 감리교의 웨인라이트(G. Wainwright), 샐리어스(Don Salies)가 속한다.

예배가 하나님의 임재하심과 하나님의 초청이라면, 그 초청은 세상으로부터 하나님의 백성을 부르시는 부르심이며, 그 부르심은 세워서, 다시 세상으로 보내시기 위한 부르심이다. 그러기에 하나님의 초청은 부르심, 세우심, 보내심을 포함하는 초대였다.

이 3중 구조는 제자들을 향해 행하신 예수 그리스도의 지상 사역의 구조였으며, 그 중심에는 하나님 나라의 임재를 경험하고 배우는 교육이 자리하고 있었다. 예배는 교육은 아니지만, 예배는 교육적 의미와 내용 그리고 경험을 담고 있었다.

교회의 예배순서에 나타난 ① 입례 예식: 입례, 찬양, 영광송, 신앙고백, 교회기도, 사도신경 ② 말씀 예식: 성경 봉독, 설교 ③ 성례 예식: 성만찬 ④ 파송 예식: 헌금, 봉헌, 세상을 향한 파송의 의미는 하나님의 임재하심과 인간의 응답이 만나는 경험이며, 그 경험은 '교육적' 의미를 담고 있는 것이다.

예일대학교 교수 밀러(Randoph C. Miller)는 이 경험을 예배 안의 교육(Education in Worship)이라고 불렀다. 주일 드리는 예배는 하나님의 임재하심과 말씀 그리고 파송에 참여하는 결단이고 '종말론적 경험'이며 이는 곧 넓은 의미의 교육이라는 의미이다. 이어 밀러는 이 종말론적 경험은 예식 순서 하나하나가 담고 있는 의미를 삶과 신앙 속에 의식화(意識化)로 이어져야 한다고 보았다.

이 의식화 작업을 예배를 위한 교육(Education for Worship)이라 했다. 예배순서 하나하나가 담고 있는 신앙적·신학적 의미를 해설하고 그것을 교육한다는 의미이다. 요약하면 교회교육 차원에서 예배는 다음 몇 가지로 정리된다.

① 예배는 하나님의 임재하심과 부르심을 향한 인간의 응답이고 만남이다.
② 예배는 하나님께로 향하는 회심의 사건이다.
③ 예배는 주님께서 부활하신 날, 그리스도와 함께 죽고 그리스도와 함께 다시 사는 종말론적 경험이고 헌신이다.
④ 교회는 이 예배의 의미를 경험하고 그 의미를 교육하는 사명을 가진다.

예배를 통하여 하나님과 만나는 선행적(先行的) 경험은 교육을 통해 예배의 의미를 내면화하는 데 있다.

II. 카테케시스(Catechesis, 교회교육)

교회교육의 전략적 차원 두 번째는 예배에 이어 카테케시스의 회복으로 이어져야 한다는 것이 근일 교육신학의 지론이고 주장이다. 카테케시스는 마태복음 28장 16절에서 20절의 예수의 위임(Great Commission)에 그 근거를 두고 있다.

모든 민족을 제자로 삼아, 세례를 주고 분부한 모든 것을 지키게 하라.

이 위임을 교회교육적인 구조로 체계화한 교회는 로마가톨릭교회였다. 체계화한 카테케시스는 ① 복음의 이해, ② 복음의 축하, ③ 복음의 삶, ④ 복음의 소통을 교육의 목적으로 하고, 구체적인 교육내용으로 구현하였다. 교육내용은 말씀, 예배, 섬김, 공동체를 통하여 회심, 신앙형성, 기도 생활을 지도하는 것이었다.

초대교회 이후 로마가톨릭교회는 교회가 주체가 되고, 교회를 장으로 하여 신자 한 사람 한 사람의 삶의 주기를 따라 복음을 가르치고 성장시켜온 주역이었다. 특히 초기 교부시대의 디다케라는 교육서는 복음·교육·삶을 종합한 교회교육의 총서 같은 것이었다.

그러나 불행히도 교부 클레멘스(Clement)를 시작으로 출현한 교리문답서(Catechism)는 총체적인 '카타케시스'를 '교리 주입'으로 축소시키는 불행으로 이어졌다.

1962년 제2차 바티칸 공의회(The Second Vatican Council)는 초대교

회의 '카테케시스'의 회복을 결정하고 1971년 카테케시스 지침서
(General Catechetical Directory)를 발간하여 가톨릭교회 전 회중이 참여
하는 교회교육을 회복하였다.

이에 반하여 개신교회는 루터의 소교리문답서(Small Catechism,
1529)와 칼뱅의 교리교육(Catechetical Teaching)으로 이어지고, 18세
기에 등장한 주일학교에 밀려 교회교육을 소멸시켰다.

현재 전 세계 개신교회는 초대교회의 교육을 모두 포기하고 예배,
설교 지상주의에 함몰되었다. 그리고 부흥운동, 회심주의, 목회자
중심주의로 전환하였다.

이 문제를 심각한 신학적 쟁점으로 부각시키고 나온 학자는 전술
한 성공회 사제, 웨스터호프 교수였다. 웨스터호프는 카테케시스를
모든 신자를 말씀으로 양육하고 말씀으로 세우는 교육 목회의 총체
이고, 영적 에너지라고 정의했다.

카테케시스는 모든 신자를 말씀으로 양육하고 말씀으로 세우는
과정이며, 이는 출생, 유아세례, 가정 신앙교육, 예배, 신앙고백, 성인
세례, 성찬 예식, 봉사의 삶의 전 과정을 교육과 연계시키는 교육이었
다. 특히 유아세례 이전의 부모교육, 가정교육의 중요성, '세례' 이전
의 수세자 교육, '성만찬'의 의미를 교육하는 것이 중요하다.

그러나 교회교육적 소명에 대해 로마가톨릭교회나 개신교회는
한 가지 중요한 차원을 망각하고 있다. 그것은 전 회중이 참여하는
'성서교육' 일명 '성경공부' 혹은 '성서연구'이다.

수년 전 성서학자이며 성서공회 총무였던 민영진 박사가 조사한

한국의 성경공부는 크게 세 가지 유형이었다.

첫째는 전문가가 쓴 교재를 본문(Text)으로 하고, 성경은 참고서로 인용하는 유형이었다. 여기에는 아가페 선교회의 '아가페 7단계', 대학생 선교회의 10단계 성서 교재가 속한다고 했다.

두 번째 유형은 '성서 자체 이해를 위한 교재'이며, '벧엘 성서 연구'가 여기에 속한다고 했다.

세 번째 유형은 '실험형 성서 연구'이다. 스위스의 베버(Hans Webber)가 주도한 '몸으로 읽는 성서'가 여기에 속한다고 했다.

이 모든 성서 연구는 1970년대까지 한국교회를 주도해온 회심 일변도의 부흥회로부터 '성경을 배우는 교회'로 전환한 공헌을 남겼다.

그러나 문제는 새로 등장한 성서 연구는 대부분 전문가 집필한 교재를 본문으로 하고 성경은 참고서로 전락시킨 데 있었다. 성경 말씀과의 만남보다는 신학적 사상 내지는 교리를 세뇌하는 불행한 역사를 만들었다.

성서 연구는 교회교육의 꽃이고 중심사역이다. 그러나 성서 연구는 어떤 경우라도

① 기록된 말씀인(Written Word of God) 성경이 본문(Text)이 되고,
② 본문이 기록된 시대와 삶의 이야기(Context)가 성경 역사의 흐름과 배경이 되어야 하며,
③ 우주와 인간을 창조하시고 지금도 전 역사의 운행을 친히 주관하시고 통치하시는 하나님의 구원하심(Pre-Text)이 중심을 이

루어야 한다.

성서의 3차원: 본문(Text), 역사(Context), 말씀 이전의 말씀
(Pretext)을 주장한 학자는 밴더빌트 대학교 호지슨(Peter Hodgson) 교수였다(Winds of the Spirit, 1994년).

④ 1990년부터 2022년 현재까지 성서의 3차원을 하나의 구원사
로 엮은 교재,『구원사 성서 연구 TBC』는 성서 연구의 신기원
을 열어가는 개척자(Frontier)로 알려지고 있다(TBC 성서연구원).
평촌 감리교회, 이천 현대교회, 청주 어울림교회, 과천 은파교
회, 인천 연희교회, 오산 열린교회는 전 세계 교회가 실시해오
는 구원사 성서 연구의 선두주자들이며, 지난 40년 총 3,500
여 국내·외 교회가 이 운동에 참여한 것으로 전해지고 있다.

III. 영적 교제(Koinonia)로서의 교회교육

교회가 주체가 되고, 교회를 장으로 하는 교회교육은 예배, 카테
케시스에 이어 코이노니아를 중요한 영역으로 수용한다. 코이노니
아는 교제(Fellowship), 상호 연합(Communion), 관계(Relationshp), 나
눔(Sharing)을 의미하는 헬라어에서 유래하였다.

그러나 기독교적 의미의 코이노니아는 성령 안에서 하나님과
인간이 나누는 사랑의 교제이며, 동시에 인간과 인간이 나누는 영적
교제를 뜻한다.

미국 유니온 신학교 윤리학 교수 폴 레만(Paul Lehmann)은 이 영적 교제를 그리스도의 재림을 기다리는 그리스도인의 공동체가 이 지상에 사는 동안 사랑을 창조하고 나누고 전하는 '유기적 나눔의 모임'으로 정의한다.

그리스도의 부활을 경험하고 모이기 시작한 초대교회는 예배, 교육에 이어 서로 교제하고, 떡을 떼며, 물건을 통용하고, 재산과 소유를 팔아 각 사람의 필요를 따라 서로 통용한 초대 가정교회의 코이노니아를 원형으로 한다(행 4:43-45).

부활은 소망을 낳고, 소망은 사랑을 나누는 코이노니아로 승화시켰다. 그러나 역사의 흐름을 따라 교회가 제도화, 교권화, 세속화되면서 코이노니아는 극히 외형적이고, 형식적인 관계로 변질되었다. 코이노니아가 사라진 교회, 그 교회는 공동체 되기를 포기하고 하나의 집단으로 추락하였다. 이것이 중세 로마가톨릭교회였으며, 18세기 독일교회 모습이었다.

이때 독일교회의 목사 필립 슈페너(Philip Spener)는 코이노니아를 생명으로 하는 경건의 교회(Collegia Piatatis), 코이노니아 공동체를 꿈꾸며 매주 수요일 저녁 목사관에서 교인들과 함께 모였다.

기도회에 이어 지난주 강단에서 선포한 설교를 주제로 자유로운 토론을 펼쳤다. 여기서 폭발한 성령의 역사는 서로 간의 담을 헐고, 숨김없는 신앙을 고백하고, 서로를 부둥켜안는 뜨거움으로 표출되었다. 그리고 침체되었던 교회가 부흥의 불길로 치솟는 기적으로 이어졌다.

그러나 슈페너는 빗발치는 비판에 직면하고 결국 담임 목사직에서 해임되고 이단으로까지 몰림을 받았다. 이때 슈페너는 자신이 시도한 작은 교회는 분리가 아니라 생명력을 잃은 제도교회 속에 생명력을 불어넣는 누룩 공동체라고 변증하고, 그 이름을 교회 안의 작은 교회(Ecclesiolae in Ecclesia)라 했다. 이것이 후일 독일교회와 모라비안 교회 분리의 씨가 되었다.

그러나 슈페너의 사상은 할레(Halle) 대학 설립의 기초가 되었으며, 모라비안(Moravian) 교회의 밴드(Band) 운동과 웨슬리(John Wesley)의 속회 운동(Class meeting)에 큰 영향과 의미를 주었다.

조직교회와의 갈등이거나 분열이 아닌 '교회 안의 작은 교회 운동'은 20세기 후반 남미의 가톨릭교회 안에 기초공동체(Basic Community) 운동을 일으킨 기초가 되었으며, 미국에서는 소그룹 운동(Small Group Movement)의 창시자 언스베르거(David J. Ernsberger)에게 깊은 영감을 주었다.

'교회 안의 작은 교회'는 말씀, 교제, 섬김까지 신자 하나하나의 따뜻하고 친밀한 관계의 언어(The Language of Relationship)를 되살리는 모형이 되었다. 그것은 교육과 함께 치유하는(Therapeutic) 통로였다.

코이노니아는 관계를 치유하는 영적 능력이며, 교회의 교육적 소명을 되살리는 전략적 통로였다.

미국 일리노이주 동북쪽에 위치한 록퍼드(Rockford) 제일장로교회는 1950년대 천여 명이 모이는 중대형교회였다. 그러나 1960년대 문화혁명은 이 교회의 교인을 655명으로 추락시켰다. 이때 담임목사와 장로들은 중요한 모험을 걸었다. 15명의 평신도 지도자 후보를 선발한 후, 2년간의 훈련을 거쳐 정식 지도자로 임명하였다. 그리고 참여에 자원한 교인 112명을 15 가정교회로 조직하고, 훈련을 마친 15명을 지도자로 임명하였다. 이것은 '교회 안의 작은 교회'의 실험이었으며, 코이노니아 실험공동체였다.

기도회, 성서 연구, 교제로 시작한 소박한 가정교회는 자발적으로 지역사회조사, 문제발굴, 선교와 봉사로 확대하고, 교회 안의 작은 교회들은 록퍼드라는 대도시를 무대로 선교하는 교회로 변모해 갔다.

후일 51쪽의 보고서를 발간하고 전 교회의 참여를 촉구하였다. 그 결과 록퍼드제일장로교회는 도시 지역 안의 청소년 커피하우스, 소외된 어린이 무상교육, 불량 청소년 선도 프로그램 등을 대대적으로 진행하였다. 이 교회는 Ecclesiolae in Ecclesia(교회 안의 작은 교회 운동)가 펼친 창조적인 모형으로 전 미주와 세계로 퍼져 나갔다.

그리고 한국 지구촌교회는 셀(Cell)을 교회 안의 작은 교회, 목장교회로 전환하고, 작은 교회 한 교회, 한 교회가 선교적 사역을 수행하는 교회 안의 작은 교회 모형을 창조해 오고 있는 것으로 알려져 있다.

작은 교회가 교육과 코이노니아를 통해 공동체가 되고, 그 공동체가 선교와 봉사의 전초진지에 서는 예증으로 남는다. 이 예증은 한국교회의 속회', 구역회, 셀, 교회학교, 청년회, 여선교회, 남선교회 등 모든 조직을 행사를 위한 체제를 넘어 교육과 선교를 통합하는 '교회 안의 작은 교회'로 전환하는 가능성을 열어주었다.

IV. 선교와 봉사로서의 교회교육

교회가 주체가 되고 교회를 장으로 하는 교회교육론의 마지막 모형은 '선교'를 장으로 한다.

그러나 선교를 장으로 하는 교회교육은 '선교가 무엇인가?'라는 신학적 전제에서 논의되어야 한다. 그동안 선교 신학은

① 교회는 선교를 소유한다(The Church has Mission)로 시작하여
② 교회는 곧 선교다(The Church is the Mission)으로
③ 교회는 하나님께서 행하시는 선교의 증인이다(missio Dei)로 사상이 바뀌면서 선교는 현대신학의 첨예한 쟁점으로 부상하였다.

성서에 나타난 처음 선교는 이스라엘 민족을 선택하시고 부르시고 하나님의 백성으로 언약을 맺으시고 세상을 품게 하신 하나님의 우주 구원에서 시작되었다. 시내산 언약에서 하나님은 이스라엘을 '거룩한 백성, 제사장 나라'로 인치시고, 이스라엘을 통해 이 지구상 모든 사람을 구원하려 하셨다(출 19:1-6). 여기서 이스라엘의 존재근거는 '출애굽'이었으며, 섬김은 그들의 '존재 양식'이었다.

성서에 나타난 두 번째 선교는 고기 잡는 어부에서 사람 낚는 어부로 부르시고 3년간 훈련 시키신 제자들을 "모든 민족을 제자로 삼아 아버지와 아들과 성령의 이름으로 세례를 주고, 내가 너희에게

분부한 모든 것을 지키게 하라"(마 28:18-20)라고 하신 주님의 위임에 있었다.

성서의 세 번째 선교는 주님의 부활을 목격한 제자들이 부활하신 주님을 증언하는 전도에 힘쓰고, 많은 사람에게 세례를 베풀고, 모든 사람과 물건을 통용한 섬김으로 구현되었던 초대교회였다(행 2:32-47).

그러나 지난 2000년간의 교회 역사는 초대교회의 선교를 전도 (evangelism)로, 개개인의 회심으로, 선교사 파송으로 축소하고, 교회 확장의 수단으로 왜곡시켰다.

4세기 수도원과 수도사들의 개인전도, 16세기 로마가톨릭교회 예수단(The Soiety of Jesus)의 중남미 선교(patronato, 선교, 칼과 성경을 동시에 강요한 선교) 18세기 영국침례교 목사 캐리(William Carey)의 인도 선교로 표출되었다.

이때 선교가 프로그램화되면서 교육과의 연계도 단절되었다. 그러나 1910년 현지 선교사들의 강력한 요청으로 소집된 '에든버러' 회의(Edinburgh Conference)는 잘못된 2000년 동안의 선교역사를 성찰하고, 미래 선교를 위한 신학적 기초를 놓는 계기를 마련하였다. 여기에서 출현한 세계교회협의회(World Council of Churches, WCC)는 신학의 모든 쟁점을 선교에 집중하였다.

교회가 선교를 소유하다(the church has mission)에서 시작하여 교회는 곧 선교다(the church is mission)을 거쳐 1968년 '웁살라 대회'에서는 선교는 하나님께서 수행하시는 선교(mission of God, missio Dei)이며, 교회는 증인으로 참여하는 증인 공동체라는 담론을 창출하였다. missio Dei 신학은 2000년 교회역사의 하이라이트였으며, 선교를 다시 하나님의 주권으로, 교회의 존재 양식으로 되돌려놓은 쾌거였다.

바로 선교와 교육을 구조적으로 연결하고 관계를 신학화하고, 교회교육에 접목한 교육신학자는 이미 전술한 예일대학교의 러셀(Letty M. Russell)이었다. 러셀에게 기독교교육은 세계와 맺으시는 하나님의 관계와 대화에 '참여'하는 것이며, 이 세계와 나누시는 하나님의 '초청'에 참여하는 것이었다. 이 참여와 대화는 모든 그리스도인을 하나님의 선교에 참여시키는 통로이며, 이는

① 소그룹(small intimate group)
② 세상을 향한 영구적 봉사 구조(structure of permanent availability)
③ 기동부대(task force)의 조직을 통해 진행해야 한다고 했다.

예일대학교 교수로 임명되기 전 뉴욕 동 할렘(East Harlem) 흑인촌에서 실시한 그의 선교 실험 교육은 선교와 교육이 만난 성공적 사례로 알려졌다.

그리고 1947년 고든 코스비(Gordon Cosby) 목사와 부인 그리고 교인 5명이 시작한 워싱턴 안의 구세주교회(The Church of the Saviour)는 선교와 교육을 하나로 묶은 소 교회들의 연합교회로서 세계교회에 큰 영향력을 주고 있다.

세이비어교회의 교인이 되는 조건은 ① 침묵 퇴수회 훈련, ②

2년간 연수, ③ 하루 1시간 기도와 명상, ④ 십일조 헌금이며, 한 단위교회는 2명에서 15명을 넘지 않으며, 모든 교회는 지역 선교와 봉사를 위해 존재한다. 이 교회는 초대교회가 가졌던 순수함과 열정을 지역의 아픔을 치유하는 가정교회의 형태로 재연하는 선교 공동체를 목적으로 하고 있다.

그리고 강원도 산속에 자리한 '산마루 교회'는 노숙자(homeless people)와 회중이 참여하는 예배 · 교육 · 섬김을 창출하는 공동체 교회로 알려져 있다.

V. 결어: 교회교육의 체계화

다음 논의는 교회의 교육적 소명을 회복하는 데 필요한 길잡이가 될 것이다.

① 교회교육은 '교회가 무엇인가?'라는 신학적 질문에서 시작된다. 젊은 나이에 시카고대학교 총장이 된 하퍼(William Rainey Harper) 목사 · 박사는 미국 신학교육이 일찍이 '교회론'에서 출발했더라면 오늘 같은 실패는 면했을 것이다라고 했다. '교회'라는 공동체, 거기에는 하나님의 백성이 있고, 목회자가 있으며, 예배가 있고 교육과 교제가 있으며, 선교 봉사가 있는 신앙 공동체다.

② 교회교육은 바로 교회의 사역, 예배, 설교, 교육, 교제, 선교를 다시 세우고 그것을 교회와 사역에 연결하는 소명을 의미한다. 교회교육은 예배의 경험을 신앙체계로 세우고, 성서 연구로 하나님의 백성을 신학화하고, 교제를 소공동체화하며, 선교의 방향과 내용을 제시하는 사역을 수행한다.

③ 이 소명은 담임목사의 비전, 교육 목사의 전문성, 교육위원회의 정책, 전 교인의 지원에 의해 수행되며, 그것은 지속 가능한 체계 연구와 변화를 통해 구현된다.

④ 교육시스템은 교회가 수행하는 교회교육, 주일 교회학교 교육, 평신도 신학과 사역, 교회 밖의 가정교육, 학교 교육, 사회 교육의 방향, 구조, 프로그램을 설계하고 지원하는 컨트롤 타워가 되어야 한다.

⑤ 교회가 주체가 되고, 교회가 장이 되는 교회교육이 살아날 때 한국 기독교교육은 새로운 지평을 열어 갈 것이다.

평신도 신학, 사역, 교육

1장
평신도 신학: 서설

I. 하나님의 백성, 이스라엘과 교회

지난날 성서신학은 오류 하나를 범해 왔다. 구약의 이스라엘과 신약의 교회는 논하면서도 이 둘이 예수 그리스도 안에서 한 하나님의 백성이라는 논제는 외면하여 왔다. BC 1500년 이집트 파라오에게 '내 백성을 보내라'(출 5:1)를 명하신 분은 하나님이셨다. 이집트의 사슬에서 이스라엘 백성을 풀어주신 하나님은 광야에서 자신은 이스라엘의 하나님이 되시고, 이스라엘은 '하나님의 백성'으로 삼으시는 언약을 맺으셨다.

너희를 내 백성으로 삼고 나는 너희의 하나님이 되리니… (출 6:7)

이 언약은 오합지졸, 노예였던 이스라엘을 하나의 민족으로, 하나님의 선택된 백성으로 인(印)치신 존재론적 사건(ontic event)이었다. 그리고 하나님은 시내산에서 하나님의 백성으로 인치신 이스라엘을 거룩한 백성, 제사장 나라로 명하시고, 그들과 언약을 맺으셨다(출 19:1-6). 이것이 시내산 언약이다.

이 언약에서 '거룩한 백성'으로 부름받은 이스라엘은 삶의 구심점(求心點)을 하나님께 둠으로써 세상 모든 나라와는 구별되는(separated from) 민족이었다. 동시에 '제사장나라'로 인침을 받은 이스라엘은 이 세상 모든 민족의 아픔과 눈물을 하나님 앞에서 대신 짊어지는 고난의 종이었다. 이것을 원심점(遠心點)이라 한다. 그러기에 해방된 이스라엘 백성은 '구심'과 '원심'을 동시에 살아가는 하나님의 백성이었다. 이것이 시내산 언약이었으며, 이 언약은 이스라엘의 존재 양식(modes of existence)이었다. 이때 모세와 아론은 하나님과 이스라엘 사이를 매개하고 섬기는 통로였다.

신약은 예수께서 선포하신 하나님 나라, 하나님께서 임재하심의 증언이다. 하나님 나라는 곧 예수 그리스도였다. 제자들은 하나님 나라 임재이신 예수 그리스도(auto Basileia tou Theou)를 증언하기 위해 부름을 받고 세움을 받았으며 보냄을 받은 증인 공동체였다. 그러나 제자공동체는 십자가와 예수의 죽음 앞에서 깨지고 흩어진 공동체가 되었다. 3일 후 죽음을 깨시고 다시 사신 주님을 만난 제자들은 그때야 비로소 하나님 나라가 그리스도 안에서 임재했음을 경험하고, 다시 오실 주님을 기다리기 위해 예루살렘으로 올라갔다. 이때 모인 예루살렘교회는 십자가와 부활의 주님을 기억하고, 다시 오실 주님을 기다리는 대망의 회집이었다. 베드로는 후일 이 공동체를 "왕 같은 제사장들이요 거룩한 나라요 그의 소유된 백성"이라고 불렀다(벧전 2:9).

그러기에 이스라엘은 메시아를 대망(anticipation)하는 하나님의 백성이고, 교회는 메시아를 기억(remembering)하고 다시 오실 그리스도를 대망하는 하나님 백성의 공동체였다.

II. 변질

주님의 재림이 늦어지면서 325년 니케아 공의회(Nicea Council)는 거룩한 민족, 제사장 나라인 하나님의 백성을 통치자(Kleros)와 평신도(Laicus)라는 두 계급으로 갈라놓았다.

성직자인 Kleros는 지배자라는 의미였으며, 평신도 Laicus는 지배를 받는 피지배자라는 뜻이었다. 이때부터 교회는 인간이 조작한 제도와 조직을 가지고 하나님의 백성을 지배하고 통치하는 세속적 집단으로 추락하기 시작했다. 이것이 중세 기독교 왕국(Christendom)의 시작이었다.

III. 회복

그러나 1517년, 거대한 기독교 왕국에 과감히 맞서고 나선 사제가 있었다. 그는 루터(Martin Luther)였으며, 교회는 교황이 아니라 믿는 자들의 공동체(communio sanatorum)이며, 믿는 사람은 모두 하나님 앞에 제사장이라는 만인사제론(Priesthood of all believers)을 펼쳤다.

만인사제론은 그리스도를 통하여 값없이 주시는 하나님의 은혜(sola gratia)를 믿음(sola fides)으로 받아들인 사람은, '죄 없다'라고 인치시는 하나님의 '은혜'로 선별된 하나님 백성이라는 주장이다. 이것이 루터의 '은혜로 말미암은 믿음으로 용서함 받은 의인 의미'이다. 영어로는 'Justification by faith through grace alone'으로 표기한다. 모든 개신교회의 신학과 신앙은 이 고백에 근거한다.

그러나 불행히도 지난 500년간 개신교회마저 성도를 평신도로 계급화하고, 사역으로부터 배제시키고 교회는 목회자의 독무대로 성역화하였다.

오늘 세계교회와 한국교회가 세상의 불신 대상이 되고, 젊은이와 지식인이 교회를 떠나가는 이유는 화려한 교회당, 구도자 예배, CCM 같은 프로그램이 부족하기 때문이 아니다.

하나님의 백성인 신자를 평신도라는 계급의 틀 안에 묶어놓고 모든 영적 잠재력을 동결하고, 한 사람 한 사람을 객체화하면서 그들을 서서히 교회 밖으로 밀어내고 있기 때문이다. 오늘 한국교회 평신도는 삶과 신앙의 주체가 아니라, 누군가가 만들어 놓은 프로그램에 끌려다니는 객체로 전락하였다.

그러나 20세기에 들어서서 이 문제를 재점화하고, 평신도를 다시 하나님의 백성으로 되돌려 놓으려는 선구자들이 등장하였다.

대표적인 주자는 로마가톨릭교회의 콩가르(Cardinal Yves M. J. Congar, 1904~1995) 추기경이었다. 콩가르는 1962년 로마가톨릭교회의 신학 혁명으로 알려진 제2차 바티칸 공의회(The Second Vatican Council)를 주도한 세계적 신학자였다.

콩가르의 후계자들은 개신교의 헨드릭 크래머(Hendrik Kraemer, A Theology of the Laity), 토마스 길레스피(Thomas W. Gillespie, The Laity in Biblical Perspective), 하워드 그라임스(Howard Grimes, The Rebirth of the Laity) 등이었다.

그리고 개신교의 신학 혁명으로 평가받는 세계교회협의회(WCC)의 1968년 웁살라(Uppsala) 세계대회에서 선언한 하나님의 선교(missio Dei) 신학은 긴 세월 동결해온 평신도를 다시 교회 중심으로 끌어들이는 신학적 기초를 놓았다.

평신도의 재발견은 오랜 기간 동결해온 평신도의 물리적·영적 잠재력을 하나님께서 행하시는 선교(missio Dei)의 동력으로 전환하는 계기가 되었으며, 평신도를 목회자와 함께 사역의 동반자로 살려내는 강력한 흐름을 창조하였다.

그러나 불행히도 한국교회는 오늘도 여전히 성직자와 평신도의 계급적 이원화에 매여 있으며, 다양한 평신도운동은 정치적으로 흐르고 있다.

이런 상황 속에서 평신도 신학은 무엇이고 평신도 사역은 가능한가? 만일 평신도 신학이 가능하다면, 평신도 신학은 평신도 교육과 평신도 사역을 가능하게 하는 기반이 되고, 더 나아가 교회교육(제II부), 주일교회학교(제IV부), 가정교육(제V부), 기독교 사회교육(제VII부)의 기초와 동력이 될 것이다.

2장
평신도 신학

I. 성서에 나타난 평신도

구약과 신약에 등장하는 모든 에피소드는 사람들 이야기이고, 이 사람들은 하나님께서 들어 쓰시는 조역으로 묘사되어 있다. 특히 구약의 '엠', 'am'은 하나님의 부르심을 받은 '구별된 사람'을 지칭했다. 그리고 히브리어 라오스(Laos)는 선택된 사람들, 특히 하나님의 부름을 받은 백성이라는 의미였다. 이스라엘 백성은 선택된 하나님의 백성이었다.

그러나 이 선택은 섬김을 위한 부르심이었다. 이스라엘 민족은 처음부터 '섬기기 위해 부름을 받은 하나님의 백성'이었다.

선교학은 이를 'called to serve'라고 정의한다. 부름을 받은 하나님의 백성은 정치 지도자이기 이전, 제사장, 왕, 예언자로 부름을 받기 전, 하나님의 부름을 받은 하나님의 사람들이었다.

이어 신약은 하나님의 백성을 그리스도의 '몸'과 '지체'로 비유하였다. 특히 바울은 몸과 몸의 관계를 섬김을 위한 은사로 묘사했다(고전 12). 어떤 이는 사도로, 어떤 이는 선지자로, 혹은 교사, 능력 행하는 자, 병 고치는 자라는 다양한 표현은 그리스도의 사역을 다양한 사역을 통해 분담하는 관계로 묘사한 것이었다. 여기에는 성직과 평신도의 구분이 없었으며, 다만 각기 받은 은사로 한 그리스도, 한 주님, 한 몸인 교회를 섬기는 은사만이 있었다.

미국 유니온신학교 신약학 교수 존 녹스(John Knox)는 이 사역을 카리스마적 은사 사역(Charismatic ministry)이라고 불렀다.

II. 역사적 변질

그러나 1세기 말 주님의 재림은 늦어지고, 1세대 사도들은 순교하거나 흩어지고, 로마제국의 박해와 유대교의 핍박은 날로 거세지면서 교회에는 단일감독(mon-episcopos)이라는 감독제도가 등장했다.

그러나 이때의 감독은 당시 극악한 로마의 박해와 각종 이단에 맞서 교회를 변호하고, 배교하는 신자들을 독려하여 신앙을 지키도록 권면하고 격려하는 목회적 사명을 수행하는 지도자였다. 이때 감독은 오늘 같은 성직과 평신도의 이원적 계급이 아닌, 교회를 대변하고 공동체를 세우고 돌보는 목회적 지도자였다.

그러나 주후 100년을 넘기면서 교회는 점차 약해지고. 밖으로부터의 시련이 격화되자, 시리아의 안디옥 교회 감독, 이그나티우스(Ignatius)를 시작으로 에베소교회의 오네시모(Onesimus) 감독(한때 노예였던 바울의 수제자) 그리고 순교자 폴리갑(Policarp) 감독 등이 교회의 '머리'는 감독이라는 주장을 선언하고 나섰다. 그리고 감독 밑으로 장로단, 집사군, 평신도라는 3중 피라미드 조직을 만들어 감독이 통치하기 시작했다.

이것이 '교권화'로 가는 첫 단계였다. 그리고 325년 니케아 공의회, 380년 라오디게아(Laodicea) 회의를 거치면서 교회는 성직자와 평신도라는 두 계급으로 분화하였다.

사제·감독·추기경·교황을 묶어 성직자라 부르고, 이들은 하나님의 영원한 질서에 속한 선택된 무리이고, 평신도는 이 세상에 속한 하등계급으로 이원화하였다. 이 이원화 계급은 중세에 이르러 절정을 이루었다. 교황은 쌍칼(교회와 세속을 모두 통치하는 절대권력)을 손에 쥔 절대권자로 군림하였다.

그리고 개혁을 외치는 발도파(Waldensian)파 피터 발도(Pcter Waldo)와 프란치스코회(Franciscan, 성 프란치스코의 금욕운동) 운동을 저지하면서 교황의 위세는 하늘을 찌르듯 높아져 갔다. 이때부터 평신도에게는 성만찬이 거부되고, 평신도는 성직자의 '종속'으로 전락되었다. 그리고 '면죄부'라는 상업적 구원론을 펼친 중세 로마가톨릭교회는 더 깊은 타락의 수렁으로 빠져들었다.

III. 종교개혁

　여기에 반기를 들었던 사제가 루터였다. 교황 절대권에 대하여 루터는 오직 성경, 오직 은혜, 오직 믿음으로 하나님 은혜의 자리, 의인에 이른다고 맞섰다. 이 신앙고백이 개신교회를 탄생시킨 칭의 사상이었다.

　보다 정확히 표현하면 하나님의 은혜를 통한 믿음으로 의롭게 여김을 받는 의인이라는 신앙고백이었다. 사람은 누구나 하나님의 은혜로만 의로워진 죄인(justified sinner)이라는 것이다. 그리고 교회는 교황이 아니라, 의롭게 여김을 받은 성도들의 공동체며, 평신도는 믿음의 주체임을 선언하였다.

　이 루터의 외침은 단순한 종교개혁을 위한 호소가 아니었다. 하나님의 교회 회복을 향한 호소였으며, 교회는 성직자와 평신도의 구분이 아니라 예수 그리스도를 주로 고백하는 하나님의 백성 공동체임을 고백하는 선언이었다.

　그리고 은혜로 의롭게 여김을 받은 그리스도인은 모두 하나님의 백성이며, 하나님과 역사 앞에 거룩한 백성이고 제사장 나라임을 선언하였다. 이것이 개신교 신앙의 핵심인 만인사제론이다. 이 선언은 시내산 언약의 연장이었으며, 초대교회의 재연이었다. 여기에는 성직과 평신도의 계급적 차별이 존재하지 않는다. 다만 부름의 분량인 직(office)의 구분만이 존재한다. 어떤 이는 사도로, 어떤 이는 '예언자'로, '교사'와 '병 고치는 자'로 부름을 받았을 뿐, 높고 낮음이 아니었다.

안수받은 목사는 만인제사장 중의 한 사람이며, 말씀의 선포와 성례전 집례를 위해 목사 '직'에 위임된 사람이다. 그리고 목사는 하나님의 백성을 돌보고 세우는 목자이다. 그러기에 개신교회 목사는 성직자(Reverend)가 아니고, 목자인 목사(Pastor)라 했다.

IV. 로마 가톨릭의 역(逆)개혁

루터의 종교개혁은 로마가톨릭교회에게는 큰 충격이었고, 그들은 루터의 개혁에 대해 '역개혁'으로 맞섰다. 1545년에서 1563년까지 계속된 트리엔트공의회(Council of Trent)는 보다 더 강력한 교황 절대 무오설(Infallibility of Pope)로 응수하였다.

그러나 루터의 만인제사장 사상은 전 세계로 퍼져나갔으며, 특히 제네바, 영국, 스코틀랜드, 미국 종교개혁의 불을 당겼다.

V. 제2차 바티칸 공의회(Second Vatican Council, 1962~1965)

루터의 종교개혁에 대한 역종교개혁으로 열렸던 트리엔트공의회 이후 무려 400여 년 동안 분열과 반목으로 이어오던 로마가톨릭교회와 개신교의 싸움은 1962년 교황 요한 23세가 소집한 '제2차 바티칸 공의회' 일명 에큐메니컬 공의회(The Second Ecumenical Council)를 계기로 일대 전환기를 마련했다.

특히 평신도 사도직(Lay Apostolate)을 최초로 법제화한 제2차 공의회 결의는 긴 세월 세속(secular)에 속한 하등 계급인 평신도를 하나님의 백성으로, 더욱이 사제와 함께하는 사목의 동반자로 끌려 올린 혁명적 결정이었다. 그 후 로마가톨릭교회는 전 세계적으로 신도수가 크게 확장되었으며, 동시대에 한국 가톨릭교회도 크게 성장한 것으로 보도되었다.

여기에는 앞서 전술한 로마 가톨릭의 신학자 콩가르(Y. Congar)의 영향이 크게 작용하였다. 콩가르는 그의 저서 *Lay People in the Church*[1]에서 골로새서 1장 12절을 인용하면서 성도는 성직자, 수도사, 평신도 모두를 지칭하며, 모두가 하늘에 속한 자들이라고 천명하였다. 평신도는 성직자에 예속된 하등계급이 아니라, 성직자와 더불어 하늘에 속한 존재라는 선언이었다. 이 선언은 1917년 "교회는 곧 성직(Corpus Juris Canonici)이다"라고 선언했던 로마가톨릭교회 교리에 대한 정면 도전이었다.

그리고 콩가르의 평신도론은 사역론으로까지 확대되었다. 평신도는 인류를 향하신 하나님의 계획(God's design for mankind)안에 있는 하나님의 백성들이라고 했다. God's design for mankind는 예수

---

1 Y. Congar,, *Lay People in the Church*(London: Geoffrey Chapman, 1957).

그리스도의 십자가와 부활에서 성취된 거룩한 자리이며, 모든 인류를 화해로 초대하는 자리이다. 그는 그 자리가 바로 평신도가 서 있는 자리라고 했고, 사이의 공간(space between)이라고 불렀다. 주님의 부활하심과 다시 오실 재림 사이의 공간이라는 의미였다. 이 사이의 공간 우편에는 성직자가 미사, 교육, 치리를 수행하고, 그 자리를 사이의 공간 좌편에는 평신도의 성례전 참여, 각 위원회 봉사, 재산 관리, 교육, 사회봉사를 수행하는 사역의 자리이다. 사이의 공간 안에서 성직자와 평신도는 각기 다른 부름의 사역을 수행하면서 동시에 함께 사역하는 공간이다.

콩가르의 평신도 신학은 주후 325년 니케아 공의회에서 성직자와 평신도를 두 계급으로 갈라놓은 이후 1700년 만에 그리스도의 '한 몸의 두 지체'로 환언하는 사상이었으며, 이 사상은 1962년 제2차 바티칸 공의회를 주도하였다.

VI. 1968년 WCC 웁살라 세계대회 missio Dei 신학

1968년에 열린 세계교회협의회의 세계대회는 분열을 넘어 모든 개신교회의 일치를 향한 일대 모험이었으며, 교회의 근거를 하나님 선교(missio Dei)에서 찾았다. 여기에는 바르트(Karl Barth)의 선교 신학이 크게 작용했지만, 콩가르의 영향도 받은 개신교 신학자들의 영향이 크게 작용하였다.

이들은 젠킨스(Daniel Jenkins), 베버(Hans Ruedi Weber) 그리고 그 평신도이면서 신학자였던 네덜란드(Netherland)의 크래머(Hendrik Kraemer)박사였다.[2]

특히 크래머는 콩가르의 God's design for mankind(인류를 향하신 하나님의 디자인)을 God's concern about the world(세계를 향하신 하나님의 관심)으로 바꿨다. 세계를 향한 하나님의 관심은 인간만이 아니라 이 세계와 그 안에 거주하는 모든 만물을 포괄하는 우주사적 사상이었다.

예수 그리스도의 십자가와 부활은 인류의 구원뿐 아니라 하나님 께서 지으신 모든 창조 세계와 그 안의 거하는 하나님의 피조물 모두를 포괄하는 우주론적 구원으로 이해하였다. 그리고 이 세계 안에 존재하는 교회는 하나님 앞에서는 이 세상의 아픔을 대변하고, 세상을 향해서는 우주와 교회의 주이신 하나님을 증언하는 하나님 백성 공동체였다.

크래머는 이를 대변(representation)이라 불렀으며, 이 대변이 곧 선교라고 보았다. 크래머에게 선교는 해외 선교사, 선교프로그램이 기 전에 인류와 세계를 향하신 하나님의 관심이고, 교회는 이를 증언하고 섬기는 공동체를 의미했다. 그러기에 교회는 곧 선교이며 (the church is mission)이며, 교회는 선교 안에서 존재하며(the church in mission)이며, 교회는 선교를 소유한다(the church has mis- sion)라고

---

2 Hendrik Kraemer, *A Theology of Laity*(Phildelphia: Westminster Press, 1959).

했다. 선교는 교회의 존재 이유이며, 교회는 선교를 수행하는 회중(missionary congregation)이다. 하나님 앞에서는 세상을 대변하고, 세상을 향해서는 하나님을 대변하는 공동체가 교회이다.

이 교회는 언제나 고난받는 종의 모습으로 세상에 현존한다. 이 세계 속에 그리스도의 형제됨(Christocentric brotherhood)을 심어가기 위함이다. 이것이 교회의 존재 이유이고, 하나님의 백성인 평신도 신학이고, 이 선교적 소명에 부름을 받은 무리가 평신도, 하나님의 백성이다.

칼 바르트의 영향을 크게 받은 크래머의 평신도 신학은 1968년 WCC의 하나님 선교신학에 큰 영향을 주었고, 그때부터 교회는 선교, 세계 속의 그리스도, 고난받는 종을 화두로 하는 교회론, 평신도 신학, 역사관을 펼치기 시작했다.

이것이 20세기 후반 로마가톨릭교회와 개신교회가 일치와 화해를 향해 내디딘 큰 발걸음이었으며, 오랜 기간 동결되었던 평신도를 동력화하고, 사역화하며 선교화하는 계기가 되었다.

3장
평신도 사역

I. 'Space between'에서 풀어보는 평신도 사역

교회사에는 두 흐름이 계속 갈등, 투쟁, 분열의 역사를 이어 왔다. 하나는 성직주의(Clericalism)으로 불린 사제 중심 체제였다. 여기에는 로마가톨릭교회, 정교회, 성공회가 속한다.

다른 하나는 평신도주의(Laicism)로 불린 평신도 중심의 교회 체제였다. 여기에는 아나뱁티스트(Ana-Baptist), 메노나이트(Menno- nites), 퀘이커(Quaker), 아미시(Amish), 후터라이트(Hutterites)가 속한다.

문제는 평신도 신학이 등장하면서 안수 목회와의 역할 혼돈과 갈등을 불가피하게 만들었다. 안수 목회가 독점해오던 영역에 평신도 사역이 끼어들면서 적지 않은 혼란과 갈등이 야기되었기 때문이었다.

분쟁의 시작은 목사직과 평신도 사역을 동시에 주장 한 루터에 대하여, 목사직은 거부하고 평신도의 주권만을 들고 나온 아나뱁티스트(Anabaptists) 재침례파의 비판에서 비롯되었다.

　재침례파인 아나뱁티스트는 만인 사제론과 평신도 사역을 주장하면서, 평신도 사제직과 목사직을 동시에 강조하는 루터의 이중론에 대해 반기를 들었다. 이 운동은 아미시, 후터라이트, 메노나이트를 통해 계속 이어졌다.

　지금도 전 세계교회는 성직주의를 고수하는 교회파와 평신도주의를 주장하는 종파 간의 싸움으로 얼룩지고 분열되어있다.

해결하는 길은 존재하는가?

　앞서 잠시 논의한 콩가르와 크래머의 사이 공간(space between)론은 난해하면서도, 묘한 '뉘앙스'를 담고 있는 사상으로서 문제를 풀어가는 데 중요한 단서를 제공하고 있다. Space between은 너와 나 사이의 공간이다. 그리고 너를 배려하는 공간이다. 크게는 하나님과 인류 사이의 공간이고, 좁게는 남편과 아내 사이, 부모와 자식 사이, 목사와 교인 사이의 공간이다.

　문제는 이 공간을 무엇으로 채우는가에 따라 space between은 공감, 공존, 신뢰의 자리가 되며, 때로는 불신, 분열, 파탄의 자리가 되기도 한다.

　예를 들어 아내를 행한 남편의 사랑이 배려와 사랑으로 표현될 때 그 공간은 아내가 크게 숨 쉬고 자유롭게 응답하는 공간이 된다.

그리고 그곳에서 자유로운 상호작용(interaction)이 일어난다. 거기에는 부드러운 대화와 응답이 오고 간다. 이것이 space between이다.

　기독교 신앙에서 space between은 그리스도 안에서 하나님께서 자신과 화해하신 이 세계와 그 안에 거하는 인간들이 서로 맺는 관계의 공간이다. 이 공간에는 사람들을 부르시는 하나님의 초대가 있고, 감사함으로 응답하는 인간의 화답이 있다. 바로 이 공간이 space between이다.

　노아, 아브라함, 야곱, 요셉, 모세, 여호수아, 다윗, 이사야, 에스겔, 에스라, 느헤미야, 예수의 어머니 마리아, 제자들, 바울은 하나님께서 부르신 종들이었다. 그러나 하나님께서 그들을 부르실 때 그곳엔 강권이 아닌, 응답을 기다리시는 여백을 두시고 부르셨다.

　믿음의 선조들은 이 공간에서 두렵고 떨리는 그러나 감사하는 영혼으로 응답하였다. 그때마다 그곳은 space between으로 변하고 있었다. 하란에서 아브라함을 부르신 하나님, 호렙산에서 모세를 부르신 하나님, 다메섹 도상에서 바울을 부르신 예수님의 공간은 space between이었다. 그리고 space between은 모든 사람을 부르시는 하나님의 초대 공간이고, 응답을 기다리시는 하나님의 배려가 있는 공간이었다.

　여기에는 '내가 여기 있습니다'로 응답하고 나선 아브라함, 모세, 이사야, 예레미야, 하나님의 백성 이스라엘이 있었으며(구약), 12사도와 함께 했던 120문도가 있었다(신약).

　이때 하나님은 그리스도의 이름으로 모인 회집, space between

을 통해 더 많은 사람을 부르시고, 사도들의 말씀 선포와 교사의 가르침, 성도의 교제를 통해 그들을 세우시고, 그들을 다시 세상으로 보내셨다.

이때 신자들은 예배라는 space between을 통해 하나님의 임재하심과 부르심을 경청하고 응답함으로 부름을 받은 하나님의 백성이 되고, 말씀과 교제를 통해 하나님의 백성으로 세움을 받았으며, 증언을 위해 세상으로 다시 보냄을 받은 하나님의 백성이 되었다. 바로 이 자리, space between에서 사도와 신도는 각기 받은 은사를 따라 하나님 나라를 만나고, 공동체를 세우고, 세상을 섬기는 동역자가 되었다.

오늘 한국교회는 space between을 통해 목회자와 평신도는 각기 다른 소명에서 오는 경계를 서로 존중해야 하며 동시에 각기 받은 은사를 따라 그리스도의 몸을 세우고 세상을 변화하는 공동사역의 공간이어야 한다.

II. 'Space between'에서의 목회자

① 주일 공동예배를 통해
　　ー 하나님의 임재하심과 초대하심에 하나님의 백성이 감사함
　　　　으로 응답하는 하나님 백성(평신도)의 통로가 되고,
　　ー 주일 설교를 통해 예수 그리스도와 하나님 나라를 증언하며,
　　ー 하나님 나라의 잔치를 미리 체험해 볼 수 있는 성례전을 집

례하며,

— 증언과 섬김을 위해 세상으로 보내시는 하나님의 파송을 대독한다.

② 수요성서연구를 통해 목회자는

— 하나님의 백성과 함께 성경을 정독하고

— 본문, 역사, 구원사를 해설하고

③ 속회 또는 구역회를 교회 안의 작은 교회로 전략화하여 그곳을 기도, 만남, 교제, 섬김의 통로로 전환한다.

④ 그리고 교회를 세상 속의 섬김의 체제로 변형하여 이웃, 소외지역, 지구촌을 섬기는 원심축으로 전환한다.

⑤ 이를 위해 목회자는 하나님의 백성을 교육하고 교회의 모든 자원을 구조화한다.

III. 'Space between'에서 하나님의 백성인 평신도

① 삶과 신앙의 주체로서 예배를 통해 부르시는 하나님의 부르심에 감사함으로 응답하고,

② 설교를 통해 하나님의 말씀을 경청하며,

③ 성례전을 통해 하나님 나라 잔치를 미리 맛보며,

④ 파송을 통해 세상으로 보내시는 하나님의 명령 앞에 삶과 신앙을 헌신한다.

⑤ 그리고 속회, 구역회, 위원회를 통해 만남, 선교, 봉사를 실천한다.

⑥ 교회의 선교적 구조를 통해 세상과 대화, 봉사, 하나님의 선교를 수행한다.

4장
평신도 교육

I. 평신도를 하나님 백성으로

평신도 교육은 어떤 형태이든 '평신도'를 하나님의 백성으로 세우는 체제이고 내용이어야 한다. 평신도의 영적 잠재력을 찾아 사역, 섬김, 선교와 결합하는 교육을 의미한다. 이를 위해 평신도 교육은 분명한 철학, 목적, 구조를 가지고 디자인해야 한다.

1970년대 미국 연합감리교회, 연합장로교회, 침례교회, 성공회, 회중 교회가 공동으로 제정한 평신도 교육의 청사진, 마스터 디자인 (JED-Joint Educational Development)은 평신도 교육의 방향을 설정하는 데 크게 공헌하였다.

JED의 원리는 ① Knowing the Word(말씀의 앎, 지식), ② Interpreting the Word(말씀의 풀이, 해석), ③ Living the Word(말씀의 삶, 신앙생활), ④ Doing the Word(말씀의 행함, 헌신, 봉사)였다.

JED의 첫 번째 주제인 말씀의 앎(knowing the Word)은 한국교회가 실시해온 성경공부와 직결되는 내용이다.

지난 100년 한국교회는 부흥회와 사경회로 성장한 교회였다. 특히 1970년대를 전후로 크게 치솟았던 성서 연구 붐(boom)은 한국교회 신앙 형성에 지대한 의미와 영향을 주었다. 그러나 당시 주류를 이루었던 성경공부는 한 가지 결정적인 오류를 범하고 있었다.

오류란 이미 지적한 대로 전문가가 만든 교재를 성경 대신 본문으로 하고, 성경은 교재를 풀어주고 뒷받침하는 참고서로 전락시킨 데 있었다.

그러나 JED가 제시하는 '말씀의 앎'은 성경 66권을 본문으로 하고, 본문을 정독하는 것으로 풀이한다. 정독(精讀)이란 훑어 읽는 통독(通讀)과는 달리 본문과 정중히 만나고, 본문이 담고 있는 구원의 이야기(narrative)와 대면하고, 본문을 통해 말씀하시는 하나님의 음성을 경청하는 것을 뜻한다. 성경 정독은 Knowing the Word로 가는 첩경이라는 의미이다.

교육학에서는 성경 정독을 내재적 커리큘럼(implicit curriculum)이라 부른다. 내재적 커리큘럼은 성경을 통해 말씀하시는 하나님의 음성을 경청하는 것을 뜻한다.

JED가 제시하는 두 번째 단계는 말씀의 풀이(Interpreting the Word) 단계이다.

말씀의 풀이는 정독한 성경을 해석하는 단계이다. 해석자는 목회자 또는 신학훈련을 받은 전문가를 지칭한다. 말씀의 풀이는 성경을 구성하고 있는 3차원에서 본문, 역사를 풀어가는 것을 의미한다.

전술한 호지슨(Peter Hodgson)은 ① 본문(text), ② 역사적 배경 (context), ③ 말씀하시는 하나님(pretext)으로 풀이한다. 성경의 3차원 본문은 1000년 동안 수십 명의 저자들이 그때그때 역사를 통해 말씀하시고 행하시는 구원을 영감으로 기록한 책이다. 그래서 바르트는 성경 본문을 기록된 하나님의 말씀(Written word of God)이라 불렀다.

그리고 성경은 역사적 배경(context)을 담고 있다. 메소포타미아, 구바빌론, 앗수르, 신바빌론, 페르시아, 그리스, 로마는 구약과 신약 시대를 지배하고 있던 지상 왕국들이었다.

구약과 신약에 등장하는 모든 에피소드는 이 제국들이 펼친 역사적 상황과의 밀접한 관계 안에서 일어난 사건들이었다. 이 역사는 타락한 역사였지만, 역사는 여전히 하나님의 창조하심, 심판하심, 구원하심 안에 있는 하나님의 무대였다. 그러기에 이 역사를 떠난 성경 에피소드는 존재하지 않으며, 성경은 역사를 배경으로 읽고 해석되어야 한다.

오늘 한국교회의 설교와 성경공부가 빠져있는 허상은 바로 이 역사를 떠난 본문 풀이에 있다. 그리고 성경의 세 번째 차원은 본문, 역사를 통해 지금 말씀하시는 하나님의 음성(pre-text)이다. 본문과 역사를 통해 말씀하시고 예수 그리스도를 통해 온 인류를 화해와 사랑으로 초대하시는 하나님의 구원의 소식이다.

JED의 세 번째 단계는 말씀의 삶(Living the Word)이었다.

성경을 정독하고(말씀의 읽기), 성경 해석(말씀 풀이)을 거친 후 말씀은 '삶'으로 구현되어야 한다. 가정, 교회, 직장, 사회 안에서 하나님 나라 증인으로서의 삶은 말씀의 후속적 과정이다.

JED의 네 번째 주제는 말씀의 행함(Doing the Word)이다.

'불우 이웃 돕기'에서 시작하여 교회가 시행하는 지역봉사(독서실 운영, 무료급식 운영 등) 그리고 해외 선교 지원 모두가 여기에 속한다. 그리고 직장 선교, 학원 선교, 군 선교 지원도 이 범주에 속한다.

JED는 4차원(말씀의 읽기, 풀이, 삶, 행함)을 통한 온전한 신앙, 올바른 평신도 신학, 하나님의 백성을 세우는 교육지침이었다.

II. 평신도 신학 교육

평신도 교육은 평신도를 하나님의 백성으로 세우는 구원사 성서 연구이다. 첫 번째 과제와 성서 연구를 기반으로 하여 '연 1, 2회 평신도 대학'을 통해 하나님 이해, 기독론, 성령론, 교회론, 역사이해, 종말론, 선교론을 주제로 평신도를 신학화하는 강좌를 개설한다.

평신도 신학 강좌는 체계적인 신학 사상을 교육함으로서 평신도의 신학 이해를 깊이하고, 교회의 정체성 확립과 선교적 기반 그리고 이단에 대처하는 능력을 키울 수 있는 가능성을 가진다.

III. 소그룹 모임

평신도 교육은 3차원의 성서 연구, 평신도 신학 강좌에 이어 직업별, 과제별 소그룹 모임을 통해 자율적으로 배우고 성장하고 실천하는 교육으로 구현할 수 있다.

그러나 소그룹 모임은 ① 목적 설정, ② 민주적 지도자, ③ 회원 하나하나의 참여, 발표, 실천이 동력화되는 교육이어야 한다. 감리교회는 '속회'를, 장로교회는 '구역회'를 소그룹 모임으로 변형하여 운영할 수 있을 것이다.

5장
전략적 제언

한국교회의 미래는 아직 800-900만 명을 헤아리는 성인 신자들을 피동적인 평신도로부터 하나님의 백성(Laos tou Theou)으로 세우고, 목회자와 함께 하나님 나라 사역에 동역하는 팀으로 전환하는 데 달려있다. 한국교회에 남은 마지막 동력은 목회자와 하나님의 백성이 함께 창출하는 공동 에너지에 달려 있다.

이를 위해 한국교회는 고질적인 '성직자와 평신도'의 이원화(Clerical paradigm)를 반드시 넘어서야 한다. 그리고 평신도라는 범주 속에 있는 평신도를 하나님의 백성으로 세우는 데에 있다.

I. 전략적 제언: 패러다임 전환

목회는 교인 돌봄이기 전에 신자 하나하나를 하나님의 백성으로 세우는 '사역'이고, '전략'이며, '전문성'이다. 목회자는 '교회론'과 '목회신학'에 근거한 목회를 설계하고, 그것을 예배, 교육, 교제, 선교라는 교회의 기본 구조를 통해 구현하는 실천신학자가 되어야 한다.

이는 목회를 성직 패러다임(Clerical paradigm)으로부터 하나님 백성 패러다임(Laos tou Theou paradigm)으로 전환하는 것을 의미한다. 미래 신학 교육은 목회자의 재교육을 구조적으로 재편성하고, 실천 가능한 교회 구조를 재창조해야 한다.

II. 예배, 교육, 교제, 선교는 평신도를 하나님의 백성으로 세우는 통로

교회의 기본 신앙구조인 예배와 교육, 교제, 선교는 하나님이 자기 백성을 백성을 부르시고, 세우시고 보내시는 통로이다.

목회자는 하나님과 하나님 백성 사이의 만남을 매개하는 통로이다. 이 통로를 통하여 신자는 하나님으로부터 하나님의 백성으로 부름을 받고, 세움을 받고, 보냄을 받는다.

예일대학교 교수 리처드 니버(Richard Niebuhr) 이를 공동체 세움 (edification)이라 불렀으며, 목회는 신자를 하나님 백성 공동체로 들어 올리는 사역(up lifting ministry)이라고 정의했다. 예배가 교육은 아니지만, 교육적 의미를 담은 예배여야 하며, 교육, 교제, 선교도

하나님의 백성을 세우는 통로로 전환되어야 한다.

III. 성서 연구의 회복

이 모든 것은 중단 없는 성서 연구에서 출발한다. 이미 논의했지만, 미래 성서 연구는 성경을 본문으로 하는 성경 정독이어야 하며, 본문을 담고 있는 역사를 장으로 하여, 그 속을 뚫고 역사하시고 말씀하시며 구원하시는 하나님의 통치하심을 증언하고 경험하는 성서 연구여야 한다.

3차원의 성서 연구에 기초한 평신도 신학과 교육은 교회의 '공동체'성을 살리는 첩경이며, 동시에 교회교육(제II부), 교회학교(제IV부), 가정교육(제V부), 학교교육(제VI부), 사회교육(제VII부)을 살리는 전략적 거점이기도 하다.

여기서 목회자는 자신을 신학화하고, 교인은 하나님의 백성이 되고, 거기서 집사가 나오고, 권사가 배출되며, 장로가 출현해야 한다. 그리고 거기서 교회학교 교사, 가정의 부모교육, 선교사, 선교 동역자가 출현한다.

주일교회학교론

1장
주일학교의 기원과 역사

I. 영국의 주일학교

1780년 7월 여름 어느 주일, 영국의 산업도시 글로스터(Gloucester)
의 한 가정집 2층 응접실에서 시작한 주일학교는 영국을 시작으로
유럽과 미국 그리고 한국으로 뻗어나간 세계적 운동이었다.

세계 역사에서 전례를 찾아볼 수 없었던 이 현상은 당시 영국교회
가 포기한 '교회교육'의 빈자리를 주일학교가 채우고, 잃어버린 기독
교교육을 계승한 결과였다.

이때 폭풍처럼 솟아오른 주일학교의 위력은 교회교육, 평신도
교육, 가정교육, 교회교육, 사회교육의 자리까지 모두 흡수하고 위
협하는 거인이었다. 그 후 주일학교는 명실공히 기독교교육을 대표
하는 기관이 되었다. 그러나 이 거인의 등장과 시작을 두고 기독교교
육학계는 크게 두 학파로 나뉘어 논쟁을 이어 왔다.

한 학파는 예일대학교의 트럼불(Clay Trumbull)을 중심으로 하는 가칭 '역사학파'였다.

트럼불은 1888년에 열린 예일대학교, 비처(Lymann Beecher) 기념 강연에서 전통적으로 전해오는 로버트 레이크스(Robert Raikes)의 주일학교 창시론을 부정하고 나섰다. 이것은 큰 충격이었다.

이때 트럼불은 주일학교의 시작을 BC 80~70년, 당시 시리아 왕국의 지배하에 있었던 유대교 최고의회, 산헤드린(Sanhedrin)의 의장이었던 셰타치(Simon ben Shetach)가 세운 회당학교라고 주장했다.

회당학교는 일명 베드 하세퍼(beth Hassepher, 초등학교)와 베드 하 미드라시(beth Ha midrash, 중등학교)로 알려진 유대교 학교들이었다. 주일학교는 그 후 유대교의 율법학자 가말리엘(Gamaliel)을 거쳐 사도 바울이 쓴 편지, '에베소서'에서 가르침(didache)과 양육(peideia)을 결합한 교육철학을 들어 바울을 주일학교의 세 번째 계승자라고 지목했다.

그리고 주일학교는 바울을 거쳐 독일 헤른후트의 모라비안교회(Moravian church)의 소공동체로 이어졌으며, 그것은 다시 18세기 영국교회 사제, 웨슬리(John Wesley)에 의해 창안된 속회(class meeting)로 이어졌다고 했다. 그리고 속회는 레이크스(Robert Raikes)가 시작한 주일학교로 계승되었다고 했다. 이렇듯 트럼불은 주일학교의 계보를 회당학교-가말리엘-바울-모라비안 교회-속회-주일학교의 순으로 나열하였다.[1]

그러나 트럼블의 해석은 많은 비판에 직면하였다. 역사적 사실에 근거한 계보는 외면하고, 모형적 유사성을 따라 나열한 트럼블의 계보는 고증이 결여된 피상적이고 인위적인 해석이라는 비판에 직면하였다.

이에 반하여 대부분의 기독교교육자는 주일학교의 기원을 역사적인 근거에서 찾았다. 이들은 버틀러(J. Donald Butler), 라이스(Edwin Rice), 타운스(Elmer L. Towns)였으며, 이들은 공히 주일학교의 기원을 1780년으로 해석한다.

이들은 "1780년 7월 여름 어느 주일날, 영국의 산업도시 그라스터의 한 가정집에서 시작되었다"는 역사적 기록과 증언을 근거로 보았기 때문이다. 그리고 그 영향력은 세계적이고 혁명적이었다는 역사적 기록에도 동의했다.

18세기 전 유럽을 휩쓸고 있던 산업혁명의 중심에는 영국이 선두주자였다. 산업화는 공장을 세우고, 공장은 도시를 만들었으며, 도시와 공장은 농촌 청소년들을 유인하였다. 여기서 인구이동이 시작되고, 노동계급이 출현하였으며, 동시에 사회 범죄가 등장하면서 영국은 가진 자(Haves)와 가지지 못한 자(Have nots)의 양극화로 치솟았다.

이때 영국의 귀족과 영국교회는 '노동계급', 특히 청소년 근로자

---

1 H. Clay Trumbull, *The Sunday School*(Lyman Beecher Lecture, John D. Watts, 1888).

들에게 철저히 무관심할 뿐 아니라, 이들을 경멸하고 차별하는 비인
도적 노선을 취했다. 여기서 생겨난 계급의 양극화, 가진 자와 가지지
못한 자의 갈등은 범죄, 약탈, 살인, 폭력으로 이어지고, 영국은
내일을 기약할 수 없는 아노미(anomie)로 빠져들었다.

이때 등장한 사람이 로버트 레이크스(Robert Raikes, 1736~1811)였
다. 거대한 산업도시 그라스타의 신문사 사장이면서 자선사업가이
기도 했던 레이크스는 어느 날 사무실 창 넘어 공장 청소년들이
벌이고 있는 살인놀이를 보고 충격에 빠졌다. 그 후 그는 사재를
털어 영국의 감옥을 개혁하는 교정사업을 시작했다.

그러나 교정사업은 실패로 끝나고 있었다. 한번 범죄에 빠지면
범죄로부터 헤어 나오지 못하는 악순환이 수많은 근로 청소년들을
범죄의 늪으로 몰아넣고 있었기 때문이다. 감옥 개혁(prison reform)에
실패한 레이크스는 한 가지 질문과 씨름하며 번뇌하기 시작했다.

범죄는 예방될 수 있는가(Is crime preventable)? 긴긴 고뇌 끝에
얻은 결론은 예방은 처벌보다 강하다(prevention is better than punish-
ment)였다. 이 말은 "예방은 청소년들을 범죄로부터 보호하고, 예방
은 청소년들을 살릴 수 있다"라는 결론이었다.

그다음은 "무엇으로부터 청소년을 예방하는가?"라는 질문이었
다. 범죄의 원인을 찾아 나선 레이크스는 긴긴 고뇌 끝에 원인 두
가지를 찾아냈다. 하나는 무지(Ignorance)이고, 다른 하나는 게으름
(Idleness)이었다. 이 두 'I'가 문제였다. 이번에는 '무지'와 '게으름'
을 해결하는 길이 무엇인가? 라는 문제에 부닥친 레이커스는 또다시

앞이 보이지 않았다.

그러던 어느 일요일, 유일하게 쉬는 날, 길거리를 배회하는 청소년, 소매치기하는 청소년, 생명을 걸고 길거리에서 패싸움을 하는 근로 청소년들을 목격한 레이크스에게 영감 하나가 스쳐 지나갔다. "근로 청소년들이 유일하게 쉬는 일요일, 이날, 이들을 모아보자. 그리고 이들과 함께 사랑을 나누며, 이들을 가르쳐 보자."

여기까지 도달한 레이크스는 1780년 7월 여름 어느 주일 아침 한 가정집 2층 응접실에서 첫 테이프를 끊었다.

"기독교교육학계는 지금도 그 장소가 어디였는가?" 하는 문제로 첨예한 논쟁을 이어가고 있다.

수티 앨리(Sooty Ally)설, 메레디스 부인(Mrs. Meredith)의 집 식당설, 킹 부인(Mrs. King)의 응접실 등 다양한 설(說)이 지금도 처음 주일학교 출발 혼선을 야기시키고 있다.

그러나 근일에는 킹 부인과 크리스츨리 부인(Mrs. Christchley)이 무보수 교사로 자원하면서, 자연히 그녀의 집들이 주일학교의 시작이었다는 설이 설득력을 얻고 있다. 그럼에도 아직 확실한 역사적 고증은 밝혀지지 않고 있다.

1780년 7월 여름의 어느 주일 아침 10시. 자원봉사에 나선 부인은 자기 집 2층 응접실을 개방하고, 길거리를 누비고 다니는 근로 청소년 40-50명을 집으로 초대했다.

들어오는 청소년들의 검게 탄 얼굴을 닦아주고, 땀에 젖어 냄새나는 티셔츠를 새 셔츠로 바꿔 입히고, Three R로 알려진 ① 읽기

(reading), ② 쓰기(writing), ③ 산수(arithmetic)를 가르치고 간간이 이솝의 우화, 성경이야기를 들려주고 노래도 함께 불렀다. 그리고 오후 5시에는 집 근처 교회에서 교리를 가르치고, 5시 30분에는 조용히 집 내지는 기숙사로 돌려보냈다. 이것이 주일학교의 시작이고 주일학교의 전부였다.

그런데 이 하찮은 주일학교가 길거리의 깡패, 근로 청소년들의 관심을 끌기 시작했으며, 사랑에 굶주렸던 젊은 영혼들을 일깨우기 시작했다. 그리고 주일학교는 성난 파도처럼 영국 전역으로 퍼져나갔다. 집에서, 창고에서, 교회에서 모인 주일학교는 버림받고 상처받은 근로 청소년들의 영혼과 아픔을 치유하는 장으로 변하고 있었다.

기록에 의하면 1783년, 주일학교가 시작한 지 3년 후, 주일학교에 등록한 영국의 근로 청소년은 25만 명을 넘었으며, 1831년 로버트 레이크스를 기념하는 동상에는 주일학교 학생이 125만 명이었다는 기록이 새겨져 있다. 이렇듯 18세기 인간 지옥으로부터 영국을 구원한 주일학교의 기적 뒤에는 두 가지 요인이 뒷받침되고 있었다.

하나는 과감하고도 혁명적인 교육 방법이었다.

당시 귀족학교들이 실시해오던 '전달식-주입식-암기식' 교육을 떨치고, 주일학교는 조교제도(monitorial system) 교육 방법을 과감히 도입하였다. 조교제도는 한 그룹 안의 나이가 들고 성숙한 청소년을 중간 지도자로 세우고, 그들을 중심으로 구성원들이 서로 토의하고 가르치고 배우는 자율학습 시스템이었다.

주일학교는 일찍이 '자원봉사자인 교사, 조교(monitor)인 중간 학생 교사, 근로 청소년 하나하나가 모두 주체가 되어 참여하는 그룹 역학(group dynamic)을 실천하고 있었으며, 이 방법은 당시 근로 청소년 하나하나의 영혼과 삶을 일으켜 세운 동기(motive)와 동력(energy)이 되었다.

그리고 뜻있는 사람들의 지원이 뒤를 이었다.

주일학교의 창시자 레이크스는 수시로 티셔츠, 옷, 구두, 점심을 제공하였으며, 교사들은 모두 무보수 자원봉사로 헌신하고, 당시 종교개혁에 앞장섰던 웨슬리(Wesley) 형제, 존 뉴턴(John Newton), 윌리엄 쿠퍼(William Cowper), 성공회 체스터 포튜스(Chester Por- teus) 주교와 몇몇 귀족 부인들은 크고 작은 도움을 제공하였다.

그리고 1785년 주일학교는 윌리엄 폭스(William Fox)와 헨리 손튼(Henry Thornton)이 설립한 런던 주일학교 공회(Sunday School Society in London)라는 조직을 통해 전 영국으로 확산되고, 세계화의 기틀을 마련하였다.

영국 주일학교의 공헌은

① 첫째, 18세기 산업화로 인해 두 계급, 가진 자와 무산자로 갈라진 영국을 무혈혁명(無血革命)으로 구원한 기독교사회교육이었다.

② 둘째, 영국교회가 포기한 교육적 소명을 뜻있는 한 평신도, 레이크스와 무보수 교사들의 헌신이 사회로부터 버려진 근로 청소년 하나하나를 '삶의 주체로', '하나님의 형상'으로, '책임 있

는 시민'으로 세운 교육혁명이었다.

③ 셋째, 영국주일학교는 영국의 귀족적, 권위주의적, 암기식 교육시스템에 대하여 인간중심, 참여중심의 교육시스템을 심어 놓은 교육혁명이었다.

④ 넷째, 영국주일학교는 독일, 스웨덴, 네덜란드. 노르웨이, 덴마크, 인도로까지 뻗어나간 세계화의 본거지가 되었다.

II. 미국의 교회학교

1780년 영국에서 시작된 주일학교는 여세를 독일, 스웨덴, 네덜란드, 독일, 노르웨이, 덴마크, 인도로까지 넓혀가면서 그 영향력은 거대한 사회변혁의 물결로 확대되었다.

그러나 제1차 세계대전은 한순간에 유럽 주일학교를 모두 쓸어버렸다. 1918년 이후 유럽에는 주일학교가 존재하지 않는다. 그러나 영국 주일학교는 미국으로 이식되면서 세계사의 흐름을 바꾸어 놓았다.

1. 제1기 도입기: 1790~1903년

1790년 주일학교는 미국 필라델피아주, 그리스도교회(Christ Church)의 담임목사 화이트(Rev. William White)에 의해 미국으로 이식되면서 주일학교는 레이커스의 교육철학이었던 가난하고 배우지 못한 청소년들을 삶의 주체로 세우는 교육인 3R, 쓰기(writing), 읽기(reading), 산수(arithmatics) 중심으로 주일학교를 계승, 부흥시켰다.

그러기에 미국의 첫 주일학교는 교회학교가 아닌 기독교사회교육이었다.

그러나 시간에 흐름을 따라 미국 주일학교는 서서히 교회학교로 변모하기 시작했다. 그 배경에는

① 중산층이 등장하면서 3R 교육을 불필요하게 만들고
② 1815년 거세게 일어난 미국 민족복음화운동, 일명 미시시피 계곡운동(Mississippi Valley Campaign)은 주일학교를 교육 대신 어린이들의 회심을 강조하는 부흥운동으로 전환하고
③ 1776년 정교분리(Church State Separation)를 헌법화하면서 미국은 공립학교에서의 종교교육을 금지시켰다.

이 변인(variable)들은 주일학교를 서서히 사회교육으로부터 교회 안으로 끌어들인 원인이 되었다. 이때부터 미국 교회는 주일학교를 기독교사회교육으로부터 교회교육으로 변형하기 시작했다.

당시 미국 주류개신교회로 알려진 감리교, 장로교, 침례교, 회중교회, 성공회는 주일학교를 종교교육(Religious Education)이라는 이름으로 바꾸면서, 기독교사회교육으로부터 교회 종교교육으로 변형하여 갔다.

이 변인들이 미국으로 이식된 주일학교를 사회교육으로부터 교회학교로 전환시킨 배경이었다.

2. 제2기(전환기): 1903~1940년

미국 기독교교육은 1903년 시카고에서 열린 '세계종교교육대회'(3,000여 명이 모임)에서 태동한 종교교육협의회(Religious Edu- cation Association, REA)를 중심으로 새 시대의 개막을 알렸다. R.E.A는 자유주의 신학과 존 듀이의 실용주의철학이 결합하여 만들어낸 '진보적 종교교육협의체'였다.

그 중심에는 코(George A. Coe, Northwestern University) 박사의 자유주의 신학과 듀이(John Dewey, University of Chicago) 교수의 실용주의교육이 자리하고 있었다.

REA는

① 교회 밖을 맴돌던 주일학교를 교회 안으로 끌어들이고
② 회심중심에서 정식교육으로 전환하고
③ 전문적인 교사를 모집하고 훈련하고
④ 교과과정을 통일공과(Uniform Lesson)에서 계단공과(Graded Lesson)로 바꾸고
⑤ 교실을 교육공학적으로 설계하고 진행하는 교육개혁을 단행하였다.

그리고 이때부터 이름을 서서히 주일학교로부터 교회학교로 변경하였다. 이 시기의 미국 종교교육은 기독교교육 역사상 가장 화려한 기간이었으며, 이때 종교교육은 이 지상에 유토피아를 건설하는 듯하였다.

3. 제3기(성숙기): 기독교교육학 시대

그러나 전술한 대로 역사상 가장 처절하고 비참했던 세계 제1차 대전 (1914~1918)을 경험한 유럽은 인간은 '교육만'으로는 바꿀 수 없다는 비관주의로 선회하였다.

비관주의를 기반으로 출현한 실존주의(existentialism)는 전후 세계를 불안, 고독, 단절로 정의하였다. 특히 타락한 인간이 만든 역사는 반드시 타락하고 부패한다는 비관주의가 당시 주류였던 자유주의 신학의 근간을 흔들고, 인간의 가능성을 바탕으로 세운 진보종교교육을 몰락시키기 시작했다.

이때 인간은 '하나님의 은혜'로, '말씀'으로, '신앙'으로 구원에 이른다는 복음주의 신학이 태동했다. 여기에는 바르트(Karl Barth)의 『로마서 강해』를 시작으로 브루너(Emil Brunner), 틸리히(Paul Tillich), 니버(Reinhold Niebuhr)가 참여하면서 일명 신정통주의 신학(Neo Orthodox Theology) 학파가 태동되었다.

하나님의 말씀(the Word of God)과 회심(metanoia)를 들고나온 신정통주의 신학의 열풍은 인간의 가능성을 찬양해온 18~20세기 자유주의 신학과 20세기 초 REA운동의 근간을 뿌리째 흔들었다.

1940년을 기점으로 한때 코(George Coe) 박사의 수제자였던 스미스(Shelton Smith, 당시 Columbia 대학)의 반란은 미국과 전 세계 기독교교육의 흐름을 주도하던 자유주의 진보종교교육을 한순간에 뒤엎고, 기독교교육을 경험, 발달, 성장으로부터 계시, 말씀, 만남, 신앙, 교회, 양육 중심으로 바꾸어 놓았다. 이것은 기독교교육 역사상 또하나의 혁명이었다.

스미스의 뒤를 이어 등단한 밀러(Randolph Miller, Yale), 스마트(James Smart, Union), 그라임스(Howard Grimes, SMU), 셰릴(Louis Sherrill, Union)은 기독교교육을 말씀, 신앙, 교회를 장으로 하는 '기독교교육학파'를 형성하고 기독교교육의 새 지평을 열었다. 이때부터 주일학교를 교회학교로 바꾸고 커리큘럼은 성경을 중심으로 편성하고, 교실은 말씀과 만나고 배우고 생활로 실천하는 신앙교육으로 전환하였다. 그리고 전문적인 교사 모집, 교사 교육, 워크숍을 도입하고 각 교단교육에 방향을 제시하였다.

1940년에서 1960년까지의 미국 기독교교육은 한마디로 교회를 장으로 하는 교육시대였으며, 교회학교를 정점에 올려놓은 황금기였다.

4. 제4기(침체기, 위기, 사망)

그러나 1960년을 기점으로 불붙기 시작한 미국의 문화혁명

(Cultural Revolution)이 학생 파워(Student power), 우먼 파워(Woman power), 블랙 파워(Black power)로 폭발하면서 미국의 중산층 백인 문화(middle class culture)는 힘없이 무너지기 시작했다. 이때부터 백인 중산층을 중심으로 형성해온 미국 교회는 서서히 몰락하기 시작했다.

여기에 '하나님 죽음의 신학', '세속의 거룩성'을 찬양하는 세속신학(Secular Theology)의 등장은 교회와 교회학교의 죽음을 더욱 부채질하였다. 이 흐름은 1950년대 280만 명의 학생들이 참여했던 미국 연합감리교회(UMC) 교회학교를 1970년대에는 120만 명으로 추락시켰다.

특히 1980년은 주일학교 200주년을 기념하고 축하하는 역사적 해였다. 이를 축하하고 미래를 설계해야 하는 내슈빌 국제 대회(Nashville Conference)는 오히려 주일학교의 죽음과 마주해야 하는 침울한 모임이 되었다.

교회의 죽음과 동시적으로 소멸되기 시작한 미국 교회학교는 다시 소생할 가능성도, 대안도 없는 절망의 늪으로 빠져들어 가고 있었다. 1985년 이후에 미국 교회는 어린이, 청소년 없는 빈 공간으로 계속 추락하고 있다.

III. 한국의 주일교회학교

한국의 주일학교는 민족의 긴긴 고난의 역사 끝자락, 조선 말기에 초라한 모습으로 등장하였다. 더욱이 러시아·청(중국)·일본이 패권을 둘러싸고 벌이는 갈등 사이에 끼어 있던 조선 왕조, 국운이 기울고 있던 암흑시대 속에 주일학교는 초라한 모습으로 이 땅 한 구석에 등장하였다.

1. 제1기(초창기): 1888~1930년

1888년 미국인 선교사, 스크랜턴 부인(Mrs. Scranton)이 서울 정동 한 구석 '단칸방'에서 시작한 조선 주일학교는 1900년 노블 부인(Mrs. Noble)이 세운 평양 남산현교회 주일학교로 이어지고, 1909년 존스 양(Ms. Jones)이 서울 정동교회에 세운 주일학교로 이어졌다.

초기 조선 주일학교는 교회가 주체가 되어 설립한 기관은 아니었다. 몇몇 뜻있는 선교사의 열정과 헌신이 주일학교를 세운 것은 240년 전의 영국 주일학교와 닮은꼴이었다.

그러나 1907년 장로교와 감리교가 공동으로 설립한 선교연합공의회(Federal Council of Mission)안에 '주일학교위원회'가 설치되면서 조선 주일학교는 한국교회연합의 모퉁이 돌이 되었다. 그리고 당시 세계기독교교육의 중추였던 세계주일학교연합회(World's Sunday School Association)와의 결연은 조선주일학교를 막강한 힘의 기관으로 상승시켰다.

통계에 따르면 조선 주일학교는 1907년 613교와 45,918명의 학생을 가진 열약한 기관이었으나, 6년 뒤인 1913년에는 23,923교에, 학생은 119,496명으로 크게 증가하였다. 조선 주일학교가 이렇듯 급부상한 역사의 배후에는 몇 가지 중요한 요인이 뒷받침하고 있었다.

① 첫째는 수백 년 동안 불교와 유교가 독점해온 양반문화와 귀족교육에 반하여 주일학교는 '상놈들을 삶의 주체'로 드높인 인간교육 때문이었다. 주일학교는 오랜 세월 사회를 지배해온 양반문화에 대하여 서민의 인간화(humanization)라는 역 문화(counter culture)를 창조해 낸 장이었기 때문이었다.

② 두 번째로 주일학교는 도덕과 근엄을 덕목으로 강조해온 전통적이고도 권위주의적인 유교문화 속에 '하나님 사랑'과 '인간 사랑'을 심은 최초의 인성교육이었기 때문이었다.

③ 세 번째는 주일학교에서 읽고 배운 '한글성경'과 함께 합창한 '한글찬송가'는 당시 양반들이 독점해온 한문 문화에 대하여 민중의 문맹을 퇴치하고 한글 사랑, 나라 사랑을 창조해 낸 계몽교육이었다.

④ 네 번째로 주일학교는 제국주의 일본에게 나라를 빼앗기고 나라와 조국을 잃은 이 민족의 비애 속에 나라 사랑과 미래의 소망을 심어주는 애국교육이었다.

그러기에 1900년에서 1930년까지의 조선 주일학교는 일본의 강제 합방과 탄압 그리고 3·1 운동의 실패가 남긴 좌절이 겹친 민족적 비극 속에 하나님 사랑, 이웃 사랑, 민족과 나라 사랑, 한글 사랑, 자아 사랑을 심어준 The Big Little School(학교는 작았지만 민족의 혼을 심어 준 큰 학교)이었으며, 기독교 신앙의 뿌리를 심어준 기독교교육의 원초적 현장이었다.

2. 제2기(침체기): 1930~1945년

일본의 학정을 뚫고 전국으로 확산되고 국제연합기구인 세계주일학교 연합회(World's Sunday School Association)와 연대는 주일학교를 막강한 세력으로 상승시키고, 그 여세는 1922년 감리교와 장로교, 몇몇 선교회가 연합하여 만든 조선주일학교연합회를 탄생시키는 쾌거로 이어졌다. 이 교단 연합기구는 한국교회 연합운동의 기저가 되었다.

그리고 1927년 기독교조선감리교회교육국은 1907년 미국 시카고에서 결성된 REA(Religious Education Association)의 도움을 받아 당시 첨단 교재로 알려진 계단공과(Graded Lesson)를 발간함으로써 주입식·암기식 교육의 교본인 통일공과(uniform lesson)를 넘어서는 진취성까지 보였다. 그러나 1928년 불행히도 주일학교연합회는 주도권을 놓고 장로교와 감리교가 분쟁을 일으키면서 교단연합운동은 막을 내렸다.

1930년, 주일학교연합운동이 결렬된 2년 후, 기독교조선감리회는 선교 초기 미국으로부터 들어온 두 교단, 북 감리교회(최초교회

정동교회)와 남 감리교회(최초교회 종교교회)가 합동하는 역사적 계기를 만들었다. 이 쾌거는 미국 남, 북 감리교회가 단일교단으로 합동한 1940년보다 10년 앞서 일궈 낸 기적이었다.

명실공히 한 교단이 된 기독교조선감리교회는 행정의 중심인 총리원을 설치하고 그 안에 전도국, 교육국, 사회국을 두고 정책을 수립하고 행정실무를 관장하게 하였다.

이때부터 감리교 교육국은 기독교교육의 전문화 시대를 열었다. 각종 교재출판, 교사 지침서 월간지 발간, 그룹계단공과를 발간하여 주일학교의 전문성을 높였다.

그러나 1940년 후반 제2차 세계대전은 날로 격화되고, 점차 미국에 밀리기 시작한 일본제국은 한국인의 식량 박탈, 징용 차출, 신사참배 강요, 창씨개명을 강요하면서 한국교회와 한국 백성을 핍박하고 괴롭혔다.

이때 크게 위축된 조선기독교는 신앙을 내면화하면서 점차 도피적 신앙으로 선회하고, 주일학교는 숨어서 한글성경을 가르치고 애국심을 불어넣는 피난처로 변신하였다.[2]

3. 제3기(회복기): 1945~1970년

1945년 8월 15일, 아시아의 패권을 꿈꾸며 최악의 만행을 저질렀

---

2 필자는 1944년 국민학교 5학년 때 시골 교회 주일학교를 통해 회심함.

던 일본제국이 미국에게 '무조건 항복'을 함으로써 대한민국은 36년 의 사슬에서 벗어날 수 있었다. 이 해방은 이집트의 사슬에서 풀림을 받은 고대 이스라엘 민족의 해방과 같은 해방이고 풀림이었다. 그러 나 기쁨은 잠시, 이 땅은 남과 북으로 갈라지고, 이념은 좌와 우로 분열되고, 교회는 신사참배 문제와 지방파벌로 분열되는 짝짓기, 단절, 분열의 역사가 시작되었다. 그리고 한국전쟁, 4 · 19 운동, 5 · 16 군사 쿠데타, 산업화, 도시화로 이어진 숨 가쁜 50년은 혼돈과 불안, 가난과 부자유와 싸워야 했던 불운의 역사였다.

그러나 이 긴긴 혼돈과 눈물 그리고 좌절 속에서도 좌나 우로 치우치지 아니하고 남은 자(Remnant)들이 나라와 민족을 품었으며, 교회를 다시 세우는 일들을 수행하였다. 1948년 3월 23일 분열되었 던 '조선기독교교육협회'를 다시 하나로 묶었으며, 이름도 대한기독 교교육협회(Korean Council of Christian Education)로 개명하고 에큐메 니즘(ecumenism)운동의 선봉에 나섰다. KCCE는 '주일학교'를 '교회 학교'로 개명하고, 월간 '기독교교육'지를 중심으로 교회의 교육적 소명을 일깨우고, 전문서 출판과 계단공과를 발간하여 첨단교육 자료를 제공하고, 수시로 대회, 세미나, 교사대학을 열어 교육지도 자들의 질을 높였다.

여기에는 기독교교육 지도자 1세대로 불리는 문동환 박사(한신 대), 주선애 교수(장신대), 반피득 박사(연세대), 김형태 박사(연동교회 담임)가 주역을 담당하고 있었다.

그리고 한국신학대학은 최초로 '기독교교육연구소'를 개설하고 현장 조사, 자료수집, 정책 협의회, 세미나를 열어 기독교교육의 학문적 기초와 방향 설정의 선봉에 서 있었다.

4. 제4기(황금기 그리고 쇠퇴기): 1970~2000년

대한민국의 1970년은 산업화, 도시화, 인구이동으로 점철된 사회변동의 기간이었으며, 그 틈새에 낀 한국교회는 축복신앙을 통해 교회성장의 꿈을 실현하고 있었다.

그리고 교회학교는 넘치는 어린이 청소년들로 들끓었으며, 자원봉사로 헌신한 교사의 열정은 하늘을 찌르듯 높았다. 기독교교육의 이름으로 모인 회집에는 어디고 언제고 인산인해를 이루곤 하였다.

한신대와 장신대에 밀려 침체에 있었던 감리교와 감신대는 1968년 기독교교육학 전공으로 학위를 받고 귀국한 은준관 교수의 귀환으로 돌파구를 열었다. 특히 1969년 설립한 감신대 기독교교육연구소는 은 교수(소장), Mrs. Ruth Burkholder(변미정 선교사, 부소장) 차풍로 교수(전문위원)가 한 팀이 되어 감리교회를 중심으로 교회교육의 새로운 장을 열기 시작했다. 1971년에서 1974년 3년간 경인지역 15교회와 언약을 맺고 '교회학교 실험교육'을 실시하였다. 이 프로젝트는 교회학교의 문제, 가능성, 미래 모형 창조를 위한 기초가 되었다.

교회교육 정책, 교사 모집과 훈련, 새 교재발간 및 실험을 중심으로 진행한 실험 교육은 참여한 15개 교회의 교회학교 부흥은 물론,

감리교 교단 정책에 반영이 되고, 실험교재는 교단 교재가 되었다. 그리고 1976년, 은 교수가 저술한『교육신학』은 기독교교육학의 이론을 정립한 도서로 평가받기도 했다.

그러나 은 교수가 정동교회 담임목사로 초빙을 받고 감신대를 이직한 후 불행히도 감신대 기독교교육연구소는 서서히 소멸하고, 교회학교 연구도 중단되고 말았다.

거기에 더하여 한국사회는 점차 유신정치, 세속화, 아노미로 굳어지면서 교회성장은 둔화되기 시작했다. 그리고 교단들은 정치꾼들의 정치무대로 변하고, 에큐메니컬 운동은 끼리끼리의 놀이터로 변질되었다.

결국 1970년대의 교회 성장이 가져온 한국교회의 자만과 비만증은 교회의 생명력을 파괴하는 독소로 변하고, 1985년, 한국기독교 선교 100주년을 계기로 한국교회는 침체, 교인 감소라는 비극적 상황과 마주하였다.

주일학교 200주년이던 1980년, 한국교회 학교는 아직 죽음은 아니지만 극심한 중병에 걸리기 시작했다. 이때부터 한국교회는 영국교회와 미국 교회처럼 '어린이 없는 교회'라는 위기 앞에 놓이기 시작했다. 그러나 한국교회 지도자는 여전히 교회교육, 특히 교회학교에는 무관심하고 무관여주의로 일관하고 있다.

240년 전 영국 글로스터에서 시작한 주일학교, 240년 동안 수억 명의 세계 어린이 청소년들을 그리스도에게로 인도한 크지만 작은 학교(The Big Little School)인 주일학교가 마지막 희망의 보루인 한국교

회에서마저 생명을 다할지도 모른다는 위기가 바로 우리 앞으로
다가왔다.

2장
영성과 전문성이 엮어내는 교회교육
― 교육 신학적 논의

I. 교회학교를 어린이 청소년 교회로

세계 기독교교육사에서 미국 교회학교만큼 화려한 영광을 누린 조직은 없었다. 그러나 교회학교를 향한 비판과 무용론을 펼친 학자들도 적지 않았다.

교회학교 무용론자 제1호는 19세기 가정교육의 대가인 호레이스 부쉬넬(Horace Bushnell)이었다. 20세기 초에는 진보적 종교학파의 거장, 코 박사가 뒤를 이었다. 이들은 공히 주일학교의 비교회성과 주입식 교육을 실패의 원인으로 꼽았다.

그러나 1970년대 '교회학교의 죽음'을 선언한 학자는 듀크대학교 신학대학원의 존 웨스터호프 교수(John Westerhoff)였다. 그는 여전히 생명력을 가지고 활발히 프로그램을 진행하고 있는 미국 교회학교를 향해 겁도 없이 *Values for Tomorrow's Children*[1]과 *Will our children have faith?*[2]라는 책을 통해 교회학교의 죽음을 선언했다.

교회학교가 죽어가는 이유는 두 가지였다. 하나는 신앙은 형성(formation)되는 것임에도 불구하고 미국 교회학교는 신앙을 '학교식, 교수식'으로 가르쳐 왔기 때문이다. 그는 이것을 'schooling in-structional paradigm'이라고 불렀다. 바로 이러한 이유로 어른과 어린이가 함께 창조해야 하는 신앙공동체가가 깨졌다는 것이다. 학교식·교수식 교육이 파괴한 신앙공동체는 미국 교회뿐 아니라, 오늘 세계교회와 교회학교를 죽음으로 몰고 가고 있다는 것이다.

충격을 받은 기독교교육 학자들은 거센 비판을 쏟아냈다. 그 중 대표적인 학자는 프린스턴신학대학원의 와이코프(D. C. Wyckoff) 교수였다. 와이코프는 주일학교를 "스스로 생명을 만들어가는 능력(reseeding power)을 가진 신(神)의 기관"이라고 변호하였다. 그러나 1980년 주일학교 200주년을 전후로 불이 붙은 교회학교 사망론과 옹호론이 긴긴 학문적 논쟁을 벌이는 동안, 미국 교회학교는 뒷마당에서 조용히 그러나 걷잡을 수 없는 속도로 죽어가고 있었다.

50년이 지난 오늘 미국 교회에는 교회학교를 다시 살릴 수 있는 그루터기도, 터전도, 방법도, 전문가도 모두 사라졌으며, 실낱같은

---

1 John Westerhoff, *Values for Tomorrow's Children*(Philadelphia: Pilgrim Press, 1971).
2 John Westerhoff, *Will our children have faith*(New York: Seabury Press, 1976).

희망마저 포기한 것으로 보인다.

오늘 한국교회는 어떤가?

1980년대 한국에서도 웨스터호프의 사망론에 대한 비판은 거세고 강렬했다. 1999년 말까지 한국 교회학교는 어린이 청소년의 웃음소리가 끊이지 않았으며, 자원봉사자인 교사들의 열정과 헌신은 뜨겁고 감동적이었다. 이때 웨스터호프의 교회학교 사망론은 한번 지나가는 농담, 가십(gossip) 정도로 넘겨 버렸다.

그러나 2022년 오늘, 한국교회에는 이미 30-40%의 교회학교가 사라졌으며, 어린이 청소년은 계속 교회를 떠나고 있다. 어른들은 여전히 다음 세대를 노래하지만, 다음 세대가 오기도 전에 지금 세대는 사라져가고 있다.

1970년대 초 웨스터호프가 던진 화두, 교회학교 사망론은 지금 한국교회 심장부를 난타하고 있다. 신앙공동체가 전제되지 않는 학교식 교육은 어린이 청소년을 비인간화하고 객체화할 뿐이라는 웨스터호프의 이론은 지금 적중하고 있다.

그러나 문제는 그다음이었다. 교회학교가 죽었으니 포기하고, 새로운 대안을 찾자는 게 웨스터호프의 주장이었다.

여기서 필자는 웨스터 호프와 결별할 수밖에 없었다. 교회학교가 병들었으면 치유를 거쳐 다시 살려내야 한다는 것이 필자의 신념이었다. 교회학교 살리기! 이 주제는 1968년 미국에서 귀국한 이후 수십 년을 두고 씨름해온 필자의 신념이었다. 그동안 실행한 각가지 실험, 수없이 가르친 교사들, 그런데 왜? 교회학교는 죽어가고 있는가?

2001년에서 실천신학대학원대학교 총장 퇴임을 앞둔 2014년 11월 20일까지 무려 13년을 교회학교 살리기에 나섰던 필자는『인간 창조의 마지막 불꽃』출판 기념을 겸한 모임에 뜻을 같이하는 동역자 수십 명이 정동제일교회에 모여 어린이 청소년 교회운동(Children Youth Church Movement, CYCM) 협의체를 출범시킨 것이 첫걸음이었다.

이름을 '교회학교'로부터 '어린이 청소년교회'로 바꾸고, 어린이 청소년들을 삶과 신앙의 주체로 세워, 교사와 함께 교회 안의 작은 신앙공동체를 창조해보자는 모험의 시작이었다. 이 캠페인은 사단법인 어린이청소년교회운동(CYCM, Children Youth Church Move -ment)으로 이어지고, 교회학교를 교회 안의 작은 교회로 다시 살려내려는 캠페인의 시작이었다.

어린이 청소년교회의 교사는 교재를 가지고 가르치는 교사가 아니다.

① 어린이 청소년 하나하나를 삶과 신앙의 주체로 세우고

② 어린이 청소년과 함께 성경을 정독하고

③ 그 속에 말씀하시는 하나님과 만나고

④ 그 의미를 예배, 교실교육, 선교 안에 함께 설계하고, 함께 진행하고, 함께 경험하고, 함께 세우는 신앙공동체 창조를 목적으로 하였다. 지난 15년 생명을 걸고 주일교회학교를 어린이

청소년교회로 실험해온 교회들은 이미 새로운 가능성과 기적을 열어가고 있다.

⑤ 우리는 CYCM 캠페인을 교육생태학[3]적 접근이라 부른다.

두 번째 단계는 중간체계(meso system)이다. 중간체계는 함께 나눈 경험을 예배, 교실교육, 선교로 구현하고, 실천하는 공동체 행위로 이어간다.

세 번째는 거시체계(macro system)이다.

미시체계와 중간체계 경험들을 통해 삶과 신앙의 주체가 되고, 예배, 교실, 선교를 통해 신앙을 구현하는 어린이들은 하나님을 만나고, 예수 그리스도를 주로 고백하며, 이 세계를 하나님이 다스리시는 무대로 인식하고, 교회를 증인 공동체로 수용하는 신앙으로 지평을 넓힌다.

그리고 자신들은 하나님의 부르심을 받은 하나님의 자녀라는 자의식과 응답으로까지 이어진다. 이것이 '거시체계'이다. 웨스터호프의 주장처럼 신앙은 가르치는 것이 아니다. 삶과 신앙은 3단계 미시, 중간, 거시를 거치면서 형성되는 과정이다.

자아·공동체·세계로 이어지는 생태학적 이론은 미국 사회심리학

---

3 CYCM은 구성주의(constructivism) 교육철학에 근거를 두고, 교육생태학(educational ecology)과도 호흡을 같이 한다. 교육생태학은 교육체계를 미시체계(micro system)에서 시작한다. 미시체계는 어린이 청소년 하나하나를 주체로 세우고 선생님과 친구들과 함께 성경을 읽고, 토의하고, 그 의미를 나누는 경험에서 출발한다.

자, 브론펜브레너(Uri Bronfenbrenner)의 '생태학적 접근'을 근간으로
한다.

II. CYCM 세미나 과정(현재 진행 중)

현재 진행 중인 CYCM 세미나는 다음 구성으로 기획된 구조를
따라 진행한다.

참여 주체	담임목사, 교육목사, 교육위원장, Core 교사 약간 명
기간	7-8회(주 1회)

회차	주제	내용
제1차 모임 0월 0일	우리 교회, 교회학교 소개	주제강의: 교회학교를 어린이 청소년교회로
제2차 모임 0월 0일	우리 교회 진단 발표: 문서화(잠재력을 중심으로)	다음 주 예고: 'CYCM 예배'

제3차 모임 0월 0일	CYCM 예배: Leitourgia	1. 예배: 강의 · 목사
		2. 예배사례: OOO교회 CYCM
		3. 토의: 참여 주체
		4. 예배 실험 guide: worship guide 자료 안내
		  1) 강의: 예배역사, 신학, 구조 복습
		  2) 사례 참고
		  3) 한 주간 각 교회에서 실험할 예배 실험
		    (guideline)

회차	주제	내용
제4차 모임 0월 0일	CYCM 교실 교육: Didache	1. 교실 교육: 강의 2. 교실 교육 사례 3. 교실 교육 실험: guide
제5차 모임 0월 0일	CYCM 선교: Missio	1. 지난주 CYCM 교실: 교육 실험발표- 참여 주체 2. 선교: 강의-목사 3. 선교사례 4. 토의: 참여 주체 5. 다음 주 예고: 교사 모집. 교육

제6차 모임
0월 0일
	교사 모집 및 교육	1. 지난주 CYCM 선교 실험발표: 참여 주체
		2. 강의: 교사 모집 및 교육
		3. 마무리 토의: 참여 주체
		4. 우리 교회 CYCM 청사진: Master Plan 만들
		   기 Guide
		5. 우리 교회 CYCM 청사진: master plan 만들
		   기: 사례 발표

제7차 모임 0월 0일	우리교회 cycm 청사진 발표	1. 발표: 참여 주체교회 발표(Pamphlet) 2. CYCM 선포 절차 안내 3. 파송 예식

3장
정책적 제언

　한국 교회학교는 이 지구촌에 남아있는 마지막 보루이고 그루터기이며 가능성이다. 아직은 뜨겁게 헌신한 교사들이 있고, 어린이 청소년들이 있으며, 이들을 떠받치고 있는 평신도 지도자들과 부모들이 있기 때문이다.

　그러나 문제는 오늘 한국 교회학교는 전문성을 바탕으로 하는 체제가 부족하다는 데 있다. 어린이, 청소년, 교사, 시설, 프로그램은 있으나, 이 모두를 공동체로 담아내는 체제가 부족하다. 새 술을 담을 새 부대가 준비되어 있지 않다.

　여기에 제안하는 어린이 청소년교회는 교사 중심의 교회학교 체제를 어린이 청소년 교사가 모두 주체가 되어 함께 신앙공동체, 예배, 배움, 선교 공동체를 창조하는 데 목적이 있다. 여기에 제시하는 가이드라인은 몇 단계의 실험을 거쳐 창안된 체제이다. 이 체제 모형은 한 교회 한 교회의 탄력적인 실험·정착 과정을 거쳐서만 작동될 수 있는 가이드라인이다.

한 교회 한 교회가 거쳐야 할 정책 수립 과정은 다음과 같다.

담임목사의 목회 철학 전환	① 교회의 교육적 소명에 대한 신학적 이해 ② 교육목회 체제 ③ 교회교육(본서 제II부)과 평신도 교육(본서 제III부)의 정책화 ④ 교회학교를 어린이 청소년교회로 전환(교회 안의 작은 교회로 전환)-정책적 지원
교육목사 (전임 교육전도사)의 영성과 전문화	① 뜨거운 헌신과 예리한 전문성 소유 ② 어린이 청소년교회 철학과 구조이해 ③ 교사 모집, 교사교육의 전문성 확보 ④ 어린이 청소년교회 컨트롤 타워
교육위원회 강화와 활성화	① 교회의 교육적 사명 인식 ② 교회 잠재력 찾기 ③ 교육정책 수립 및 행정지원
교사의 영성과 전문성	① 영성과 지성 소유 ② 소명의식 ③ 어린이 청소년교회 철학과 구조이해 ④ 어린이 청소년과 동행하는 인도자
가정, 부모	① 하나님의 집, 가정 이해 ② 교사로서의 부모 ③ 어린이와 함께하는 동행자
실험 교육 (교육 목사, 교사)	① CYCM[4] 교육 참여(5회) ② 교사 모집. 면담, 임명 ③ guideline을 따라 예배, 교실 교육, 선교(지역배우기) 실험 ④ 평가
어린이 청소년교회 출범	전 교회적 축제

---

4 CYCM 모형교회(2022년 3월 기준): 평촌 감리교회, 이천 현대교회, 청주 어울림교회,
　과천 은파교회, 오산 열린교회, 청주 주중좋은교회, 청주 제자교회, 여주 백사중앙교회

가정 기독교교육론

가정은 인류의 시작부터 오늘날에 이르기까지 인간을 떠받쳐온 삶의 터전이고, '공동체'였다. 가정은 인간 개개인의 삶은 물론, 작은 부락에서 민족과 국가에 이르기까지 모두를 지탱해온 기본 단위 공동체(primary unit community)였다. 가정은 남녀의 결합, 자녀출생, 돌봄, 사회화의 장이었다. '가정'이 건재하는 한, 가정은 부락, 사회, 국가를 '역동적'이고, 유기체적인 조직으로 창조하곤 하였다.

이렇듯 소중한 가정에 관한 학문적 연구는 19~20세기에 와서야 그것도 사회학에 의해 처음 시도되었다.[5]

기독교 신앙에서 가정은 하나님께서 창조하신 처음 공동체였으며, 성경에 등장하는 에피소드는 모두 가정을 배경으로 펼치신 하나님의 구원드라마였다. 그럼에도 불구하고 신학과 기독교교육은 오랜 세월 가정을 소홀히 여겨 왔다.

그래서 기독교 가정을 망각된 지대(forgotten realm)라고 부른다. 과거 어느 때 보다 급격한 사회변화의 소용돌이에 휘말려 크게 훼손

---

5 Bert N. Adams, *The Famiy: A Sociological Interpretation*(Chicago: Rand McNally College Pubishing Co., 1980), 1-7.

되어가는 가정을 심층적으로 분석하고, 가정을 치유와 신앙교육의 장으로 되살려내야 하는 가정기독교교육론은 이 시대의 교회적 소명이고 기독교교육의 중요한 축이 되어야 한다.

가정기독교교육론은 우리보다 앞서 펼친 사회학의 연구로부터 많은 지식과 지혜, 방법론을 도입하고자 한다.

1장
가정의 기원과 변화

I. 가정의 기원

가정의 기원에 관한 연구는 미국 위스콘신주립대학교(University of Wisconsin) 교수이며 가정사회학의 대가였던 버트 애덤스(Bert E. Adams)에 의해 집대성되었다. 인류 사회학적 방법으로 가정의 원형을 찾아 나선 애덤스는 지구상에 존재했던 최초의 가정유형 몇을 찾아냈다.

처음 유형: 나야(Naya)족 가정

지구상에 존재했던 초기 가정 중의 가장 오래된 가정은 남인도의 나야(Naya)족 가족형(家族形)이었다. 나야족 소녀들은 12살이 되면, 전통적인 규칙을 따라 한 남성과 정식으로 혼인예식(ritual marriage)을 올린다. 그러나 결혼 후 40일이 지나면 신랑은 반드시 집을 떠나야

했다. 그리고 신부는 자유로운 몸이 되어 자신의 신분과 동등한 카스트(Casta)의 남성들과 동거하는 집단결혼을 하였다.

이 유형은 여성 중심의 가정모형이었다.

두 번째 유형: 파파고(Papago) 가정

두 번째 유형은 미국과 멕시코 국경 사이에 거주하고 있었던 '파파고 인디언(Papago Indian) 가정이었다. 파파고 인디언은 남성이 주도권을 가지고 여러 아내를 거느리고 사는 일부다처 가정이었다.

세 번째 유형: 대가족형

세 번째 유형은 중국을 중심으로 동양으로 퍼진 대가족형이었다. 충(忠)과 효(孝)사상에 근거한 대가족제도는 3-4세대가 한 집에서 함께 먹고 기거하는 집단형 가정이었으며, 최고령자는 절대권을 가지고 가정을 지배하고 통솔했다.

네 번째 유형: 소련 핵가족

네 번째 유형은 1917년 러시아 혁명 이후 공산주의 체제인 소련 연방 안에 돌출한 핵가족이었다. 소련 핵가족은 서구세계에 존재해 오던 핵가족과는 질적으로 다른 유형이었다.

서구식 핵가족은 부부 사이의 동등한 인권, 사유재산 허용, 피임과 이혼의 자유가 보장된 핵가족이었으나, 소련 핵가족은 모든 재산을 국고화(國庫化)하고, 부부는 노동으로 살아가며, 자녀는 국영 유치원이 돌보는 집단 가족형이었다.

이 네 유형은 이 지구상에 산재해 있던 다양한 가족형 중의 대표적 유형들이었으며, 지금도 다양한 가정의 유형들은 지구촌 여러 곳에 여러 모양으로 산재해 있다.

이어 사회학은 가정이 수행하는 기능도 추적하였다. 사회학이 발견한 공통적인 가정의 기능은 세 가지였다.

종족 번식(reproductive function) 기능

종족번식 기능은 자녀를 많이 낳아 가문, 씨족, 부족의 생존을 유지, 번식시키고 확대하는 기능이었다. 종족 유지와 번식이 목적이었던 가정의 기능은 일부다처주의를 방법으로 선택하기도 했다.

플레이스먼트 기능(placement function)

플레이스먼트 기능은 부모의 권리를 유지하고, 재산을 관리하며, 가문의 명예를 지키고, 자식들의 사회 진출을 돕는 기능이었다.

사회화(Socialization)

가정의 사회화 기능은 부모와 자녀 사이, 형제와 자매 사이의 상호작용을 통해 사회생활을 연습하고 훈련하는 기능이었다.

그러나 진보학자 버나드 파버(Bernhard Farber)는 근대 사회학은 전통적인 가정의 유형과 기능연구를 넘어 가정의 윤리와 책임을 모색하는 방향으로 선회했다고 한다. 가정의 기능보다는 '건전한 가정'이 무엇이며, 공동체로서의 가정, 이웃을 사랑하고 이웃과 함께 하는 가정이 어떤 것인가?라는 주제로 연구 방향을 발전시켰다고 한다.

이러한 연구 방향의 전환은 인류를 하나의 지구촌 공동체'로 세워 가는 긍정적 신호이고 과정이라고 평가했다.

II. 가정의 변화

그러나 20세기에 들어서서 지구촌 가정은 급변한 사회변동에 휩싸이기 시작했다. 『제3의 파도』(*The Third Wave*)의 저자인 앨빈 토플러(Alvin Toffler)는 오늘의 가정은 컴퓨터 혁명에 의해 출현한 탈핵가족(post nuclear family)이라고 불렀다.[1] '탈핵가족'은 전통적인 대가족과 현대적 핵가족까지를 모두 해체하고, 그 자리에 독신가정, '자식을 낳지 않는(child free culture) 가정'을 심어놓았다고 했다. 더 나아가 탈핵가족은 이혼 후 자녀 문제, 자녀 양육비 문제로 수시로 만나야 하는 전 처와 전 남편의 관계는 '경제적 일부다처제'라는 새로운 형태를 만들었다고 했다.

그러나 문제는 이 변화 속에 생겨난 가정은 진정한 의미의 가정이 아니라는 데 있다. 사회학은 이를 가정 부재 신화(cult of homelessness)

---

1 Alvin Toffler, *The Third Wave*(New York: William Morrow and Co., 1980), 227.

라고 불렀다. 가정 부재 신화는 한 남자와 한 여자가 결합하는 결혼 대신 동거(cohabitation)와 집단 동거(commune)라는 유사 집단을 만들어 그것이 마치 가정인 것처럼 위장한다고 했다.

오늘 사회학은 가정의 해체를 두고 두 학파로 분열되었다. 한 학파는 이 변화를 '해방'이라고 풀이한다. 전통적인 가부장적 권위주의로부터 가정을 해방하는 자유의 프로세스라고 풀이한다. 여기에는 버지스(Ernst Burgess)[2]와 번(William F. Ogburn)[3]이 속한다.

문제는 가정해체가 진행되는 동안 수천, 수만 년 동안 지구상의 인류와 공동체를 지탱해 온 '가족'이라는 원초적 집단이 붕괴되면서 오늘 지구촌은 공동체 파멸, 청소년 가출, 자살로 점철되는 파괴 속으로 빠져들어 가는 데 있다. 오늘 가정은 형태적 변모와는 관계없이 지구촌의 종멸과 직결되고 있다.

III. 가정의 미래: 비판과 예언

오늘 지구촌은 핵가족마저 해체되고, 재생산, 사회화, 돌봄, 교육, 종교의 기능을 모두 빼앗긴 빈자리에 남은 것은 소비와 안식뿐이다. 소비문화의 등장은 가정의 모든 기능을 소멸시키고 있으며, 사회학

---

2 Ernst Burgess, *The family*(New York: Litton Educational Publishing, 1963), 3.
3 William F. Ogburn, *Recent Social Trend*(New York: McGraw-Hill, 1933), chapter 13.

은 여기에 인류의 위기가 깃들고 있다고 풀이한다.

그러나 탤컷 파슨스(Talcott Parsons)과 메리 조 밴(Mary JoBane)은 남은 두 기능 – 소비와 안식만이라도 보전하는 것이 가정을 유지하는 길이라고 주장한다.

그러나 앨빈 토플러는 미래가정의 문제는 안식과 소비의 문제가 아니라고 반박하고 나섰다. "미래가정은 일과 가정이 하나가 되는 새로운 형태가 가능한가?"라는 질문을 가지고 보아야 한다고 했다. 미래사회는 생산의 25%를 공장과 직장 대신 '가정'에서 할 수 있는 업종으로 바뀔 것이며, 이때 가정은 삶과 일을 하나로 묶는 합성체가 될 것이라고 보았다. 그때 가정은 남편과 아내, 부모와 자녀가 함께 할 수 있는 시간과 공간을 더 많이 가질 수 있게 된다고 보았다. 그리고 이때 가정은 그동안 빼앗긴 기능, 시간, 사랑을 되찾는 새로운 형태의 가정이 출현할 것이라고 보았다.

2020년 코로나19 바이러스로 지구촌이 일대 혼란을 겪고 있는 오늘, '재택근무'라는 새로운 용어와 새로운 작업 패턴이 등장하고 있는 오늘, 앨빈 토플러의 예언은 정확히 적중하고 있다. 그러나 문제는 '일과 삶'이 하나가 되는 가정의 출현이 절로 우리가 꿈꾸는 이상적 가정이 될 수 있을까? '함께 있다는 것' 하나만으로 깨진 관계가 저절로 회복되고, 가정이 다시 공동체로 변화될 수 있을까? 불행히도 앨빈 토플러도 사회학도 이 물음에 답하지 않는다.

사회학은 객관성과 데이터를 근거로 문제를 서술식 방법(descriptive method)으로 접근하는 학문이라는 점에서 여기까지가 사회학의 한계일 수 있다. 사회학의 한계 이후의 물음은 신학과 윤리가 답해야 하는 자리이며, 이 자리는 신학과 윤리가 가정의 치유와 회복을 논하는 자리가 될 수 있을 것이다. 피임, 낙태, 태아의 성 조절, 이혼, 동성애 문제는 윤리적 문제고, 종국에는 신학적 문제로 귀결되기 때문이다.

2장
가정: 창조와 은혜의 장 — 신학적 논의

프롤로그

근대 사회학, 특히 가정사회학은 가정의 역사와 변화에 관한 객관적 분석과 서술식 방법으로 폭넓은 '현상학적 지식'을 제공하였다. 이것은 사회학이 남긴 큰 공헌이었다. 신학과 기독교교육은 사회학의 연구를 존중하고, 사회학으로부터 배워야 한다. 그러나 신학과 기독교교육은 사회학의 한계를 넘어 가정의 정체성과 그 의미를 추구해야 한다. 가정은 인류 문화사적·사회학적 현상이지만 동시에 가정은 신학적·윤리적 문제이기 때문이다.

20세기 신정통주의 신학자, 에밀 브루너(Emil Brunner)는 그의 명저 *The Divine Imperative*[4]에서 가정은 본질상 '신학적 현상'이며 '신

---

4 Emil Brunner, *The Divine Imperative*(London: Lutterworth Press, 1937), 342.

앙적 담론'임을 분명히 밝힌 바 있다. 브루너에 의하면, 그동안 가정에 대한 일반적인 신학적 담론은 크게 세 가지 차원에서 논의되고 해석되어 왔다고 했다.

첫 번째 담론은 가정에 대한 '전통적 · 객관적 해석' 방법이다.

전통적 담론은 가정의 본질을 자녀 생산과 양육이라는 두 기능에서 풀어가는 방법이다. 원론적 타당성에도 불구하고 오늘처럼 급격한 사회변동 중심에 있는 가정의 문제를 '생산과 양육'이라는 단순한 두 기능으로 풀어가는 이 접근은 순진한 주관주의(simple subjectivism)라고 평가했다.

두 번째 담론은 낭만주의적 접근(romantic approach) 방법이다.

낭만주의 방법은 가정의 본질을 에로스(남녀의 애정)로 정의하고, 가정의 모든 문제를 '에로스'에서 풀어가는 방법이다. 남녀의 '사랑'이 가정의 유일한 존재근거이고, 존재 이유이며, 사랑이 가정을 지탱하는 유일한 힘이라고 믿는다. 그러나 이 해석은 인간의 사랑을 지나치게 예찬하는 낙관주의적 주관주의 접근이라고 비판했다.

이미 분열된 미국 연합장로교회와 분열의 위기를 앞에 두고 있는 미국 연합감리교회가 쟁점화해 온 '동성애' 문제 뒤에는 성(性)의 자유와 동등권이 성서적 신앙보다 우선한다는 낭만주의적 낙관주의(romantic positivism)가 깔려있다.

세 번째 담론은 '성서 신학적 해석' 방법이다.

성서 신학적 해석은 가정을 하나님의 창조로 정의하는 데서 출발한다. 에밀 브루너는 가정을 생산기능으로, 애정으로 정의하는 '주관적 · 객관적 해석'을 모두 거부한다. 가정은 본질에서 하나님의 창조질서이기 때문이다.[5]

가정은 하나님께서 창조하신 처음 피조물이며, 모든 가정은 하나님의 창조질서 안에 있는 신학적 현상이다. 창조질서로서의 가정은 하나님께서 친히 창조하신 거룩한 공동체이며, 하나님께서 임재하시는 은혜의 통로라는 의미이다.

이 사상에는 여성 신학자 조지아 하크니스(Georgia Harkness), 가정기독교교육학의 대가 부쉬넬, 밀러 교수가 함께하고 있다.

I. 신학적 현상으로서의 가정

신학적 현상으로서의 가정은 하나님의 창조라는 의미이며 이 사상은 성서에 근거한다.

특히 창세기 2장 18절에서 25절에 증언된 아담과 하와의 배필론(配匹論)은 가정은 생산기능과 애정이기 전에 '하나님의 도우심', '서로를 구원한다'는 의미를 담은 신비적 연합(mystical union)관계를 의

---

5 *Op, cit.*, 343.

미한다.

하나님이 창조하신 가정은 한 남자와 한 여자가 둘이 아니라 하나가 되어, 하나님의 창조를 이어가는 창조적 공동체라는 의미이다. 그러기에 하나님이 둘을 하나로 짝지어 만드신 가정은 처음부터 하나님의 창조질서 안에 있었으며, 그 속에는 하나님의 뜻이 담겨있었다.

그리고 가정은 하나님의 '은혜'의 선물이다. 주어진 선물(givenness)이라는 의미는 인간이 인간을 선택하는 것이 아니라, 하나님이 짝지어 주신 선물이라는 의미이며, 하나님의 뜻을 이루는 은혜의 매개라는 의미이다. 짝을 만나는 것, 자식을 낳는 것, 사랑을 나누는 것 모두가 하나님께서 주시는 은혜의 선물이라는 의미이다.

그러기에 성서적·신학적 현상으로서의 가정은 기능적·기계주의적 해석(객관적)과 '사랑'을 찬양하는 낭만주의(주관적) 사상을 모두 초월한다.

그러나 창조의 질서 안에 있는 가정은 역설적으로 한 남자와 한 여자의 신비적 연합에서 이루어진다.

한 남자와 한 여자의 신비적 연합은 에로스(eros)를 의미하며, 여기서 에로스는 하나님의 사랑(Agape)을 경험하고 드러내는 통로이다. 에로스는 하나님의 뜻을, 창조의 비밀을 담은, 하나님의 창조를 이루어가는 에너지이고 통로이다.

이 사상은 전술한 여성 신학자, 조지아 하크니스(Georgia Harkness)의 학문적 동의를 얻어냈다.

남녀 간의 에로스 사랑, 부모와 자식 사이의 사랑, 필리아(Philia)는 하나님 사랑의 통로이고, 경험이고, 표현이며, 아가페 사랑에 의해서 완전할 수 있다고 했다. 그러기에 가정은 하나님의 창조이며, 동시에 인간이 만들어가는 창조공동체이다.

II. 은총의 매개

에밀 브루너의 창조질서로서의 가정론에서 한 걸음 더 나아가, '가정'을 은총의 매개로 정의하고, 그것을 기독교교육과 연계한 신학자는 호레이스 부쉬넬(Horace Bushnell)이었다.

특히 '유아세례'를 하나님과 부모 사이의 언약으로 해석한 부쉬넬은 가정을 언약공동체로 정의하였으며, 언약공동체인 가정은 세례 받은 어린이를 하나님의 자녀로, 사랑과 믿음으로 돌보고, 양육하고 세워가야 하는 양육 공동체로 정의하였다.

언약공동체인 가정은 '성령이 임재하는 자리'며, '삶의 변화가 일어나는 자리'이며, 사랑의 유기체이고, 생명을 살리는 구속적 공동체로 정의했다.

성령께서 역사하시는 가정은 어린이와 함께 부모의 삶과 신앙도 동시에 변화되고 성숙해가는 구속적 공동체라고 했다.[6]

부쉬넬은 신학적 가정론과 기독교교육을 처음으로 연계하고 접목한 학자였다. 에밀 브루너의 신학 사상과 호레이스 부쉬넬의 가정 양육론은 20세기 중반 기독교교육학파로 알려진 제임스 스마트(James Smart, Union), 랜돌프 밀러(Randolph Miller, Yale), 데이비드 스튜어드(David Steward)로 계승되었다.

그러나 불행히도 1960년 미국 문화혁명 이후 쓸어간 가정 해체에 밀려 가정의 창조적 모형들은 빛을 잃었다. 이것은 사회적으로, 교회적으로, 또 기독교교육 차원에서 잃어버린 위대한 사상과 유산들이었다.

---

6 Horace Bushnell, *Christian Nurture*(New Heaven: Yale University Press, 1960), 123.

3장
가정 기독교교육의 창조적 모형들

20세기 중반까지 활발했던 사회학은 가정해체와 함께 생명력을 서서히 잃어 가고, 대체 가정으로 등장한 동거, 독신, 독신 부모, 공동생활 군(코뮨, Commune) 앞에서 사회학은 할 말을 잃었다.

이때 미국 교회도 위기와 해체의 늪에 빠진 미국 가정을 향해 할 말을 잃은 것은 마찬가지였다. 이때부터 시작된 가정에 대한 무관심은 미국 사회와 미국 교회를 더 심각한 위기로 몰고 간 원인이 되었다.

그러나 실낱같은 희망을 담은 한 작은 운동이 미국 교회 전반에 큰 의미를 부여하기 시작했다. 그것은 패밀리 클러스터(family cluster) 운동이었다.

I. 패밀리 클러스터

1970년 뉴욕주 로체스터(Rochester)시, 로체스터 제일침례교회의 교육목사였던 마가렛 사원(Margaret Sawin) 박사가 시작한 패밀리 클러스터 운동은 죽어가는 가정과 교회에 비추는 큰 횃불이 되었다.[7]

1969년 사원 박사는 남다른 열정과 과감한 프로그램으로 교회학교, 교사대학, 성인교육을 크게 일으켜 세웠다고 한다. 그러나 교사대학, 교육프로그램이 화려해질수록 어린이 청소년은 계속 교회를 떠나가고 있었다. 원인을 찾아 나선 사원 목사는 충격적인 사실 하나를 발견하였다.

교회 안의 수많은 가정이 이미 해체되었거나 해체 위기에 빠져 있었으며, 이 틈새에 낀 어린이 청소년들은 이 위기를 피해 가출하거나 길거리를 방황하고 있었다. 가정의 해체와 위기는 교회 모든 프로그램을 파괴하고 있었으며, 이것이 교회교육이 빠져있는 함정임을 보기 시작했다.

몇 날 며칠 동안 가정을 파괴하는 원인을 찾아 나선 사원 목사는 모든 가정들이 크고 작은 병에 걸려 있었으며, 문제를 안고 있었음에도 불구하고, 병의 원인을 찾아 치유하려는 부모나 가정은 찾지 못했다고 한다.

---

7 Margaret Sawin, *Family Enrichment with Family Cluster*(London: Judson Press, Vally Forge, 1980).

사원 박사는 이를 병리적 현상(pathological phenomenon)이라고 불렀다.[8] '병리적 현상'은 병에 걸렸는데도 병의 원인은 찾지 아니하고 마치 병에 걸리지 않은 것처럼 행동하다가 결국 소멸되고 마는 현상이다.

미국 교회의 위기는 바로 이 병리적 형상에 있었다. 삶과 신앙 그리고 교회의 기본인 단위인 '가정'이 무너져 가는데도 교회는 이때도 아무 일도 없는 듯이 겉치레만 반복하다가 가정 잃고, 사람 잃고, 교회마저 문을 닫아야 했다.

깊은 고뇌를 안고 고심하던 사원 박사는 여기서 한 가지 프로젝트를 창안해 냈다. 그것이 '패밀리 클러스터(Family Cluster) 운동'이었다. 1970년 로체스터 제일침례교회에서 시작한 이 운동은 다음과 같은 포맷(format)으로 진행하였다.

① 교회 안의 여섯 가정을 한 클러스터로 묶었다. 여기에는 부모와 자녀가 모두 참여한다.
② 또 하나의 클러스터를 만들어 두 클러스터를 비교집단으로 세웠다.
③ 클러스터는 6주에서 10주간 모임을 가진다.
④ 매주 순번제로 한 가정이 호스트가 되어 자기 집을 개방하고, 다른 가정 구성원 모두를 초대한다.

---

8 *Ibid*.

⑤ 진행 순서는 다음과 같이 진행하였다.

   a. 준비단계(pre session): 15분

      — 환영, 자녀들이 준비한 노래, 간단한 식사 준비, 대화, 그림 그리기, 게임 등

   b. 기도와 공동식사: 30분

      — 호스트 가정에서 준비한 간단한 식사, 방문 가정들은 후식 지참 그리고 대화

   c. 게임 및 노래.: 15분

      — 호스트 가정의 어린이 청소년 인도

   d. 주제 토론: 45분

      — 미리 약속한 주제를 놓고 자유로운 토의 진행, 호스트 가정이 사회, 한 가정의 부모와 타 가정의 어린이 청소년 사이의 자유로운 대화

      — 클러스터가 합의한 주제 예: 사랑, 죽음, 용돈, 이혼, 신앙, 가난, 자유, 책임, 성, 직업, 가족제도, 교회 등

   e. 평가 및 기도 마침: 10분

⑥ 패밀리 클러스터는 자기들의 가정 문제를 숨김없이 드러내고, 함께 이야기하고, 의견을 나누고, 경청하는 동안 놀랍게도 모든 구성원에게는 크고 작은 치유가 일어났으며, 그 자리는 자연스레 가정해체를 예방하는 장이 되고 있었다.

가정들이 다시 살아나기 시작하고 교회가 부흥하면서 패밀리 크러스터 운동은 1970년 로체스터 제일 침례교회를 시작으로 1985년까지 15년 동안 전 미국 교회, 교회학교, 심지어는 공립학교, 군인

가족, 결손가정에까지 퍼져나갔다.

그리고 영국, 오스트리아, 캐나다, 필리핀, 대만까지 퍼져나갔다. 1992년 한국에서도 사원 박사를 초청하여 한국 가정 클러스터를 시도했으나 교회와 담임목사의 무관심으로 실패하고 말았다. 패밀리 클러스터 운동이 활발히 진행되던 1970년에서 1985년 사이 가정회복운동은 여러 형태의 모습으로 출현하였다.

II. 다양한 유형

① 의사소통을 중심으로 하는 가정 기술 모델(Family Skills Model)
② 부모와 자식 간의 관계, 소통을 강화하는 피리얼 프로그램 (Filial Program)
③ 부모교육에 집중한 피이티(PET, Parent Effective Training)

이 여러 모형은 무너져가는 가정을 되살리기 위한 교회 안팎의 창조적 모형들이었다. 그러나 불행히도 폭풍처럼 몰아친 미국 사회의 붕괴와 가정해체의 흐름은 이 모든 창조적 시도마저 무의미하게 만들었다.

4장
가정을 장으로 하는 기독교교육 — 전략적 제언

프롤로그

한국교회는 유난히 가정 기독교교육 분야에서 취약한 것으로 알려져 있다. 전문가 부족이 일차적 요인이지만, 그보다는 급변하는 사회변동과 가정 문제를 체계적으로 연구하는 학문적 시도가 학계 전반, 특히 기독교교육 분야에서 취약하기 때문이다.

특히 코로나19 이후 미래 기독교교육은 '가정'을 어린이 청소년교회(주일교회학교)와 함께 어린이 청소년의 삶과 신앙의 원초적 공동체로 수용해야하는 도전 앞에 놓여있다.

한국 가정사회학의 대부였던 김두헌 박사는 『현대의 가족』이라는 저서에서 한국에 등장한 민주주의, 진보주의, 자유주의, 개인주의, 평등주의 사상은 한국 가정을 씨족(氏族) 중심의 가부장적 체제로부터 '개별 단위의 핵가족'으로 급격히 변화시켰다고 주장했다.

이어 한영춘 박사는 서구 산업혁명과 자본주의가 한국 가정을 핵가족, 연애, 주부직업, 가족 계획, 심지어는 이혼을 허용하는 자유 가정으로 바꿨다고 풀이했다.

이 과정에서 가장 심각하게 부각된 문제는 '이혼'이었다. 서구 사회에 비해 아직은 둔하지만, 이혼이 주는 파괴력은 서구가정보다 훨씬 깊고 강하다는 것이 가정 법률상담소 소장이었던 이태영 박사의 주장이다. 이 문제를 연구하고, 이 문제와 대결하여 이혼을 '예방'하고, 이혼 가정을 '치유'하는 대안이 취약한 것이 한국 사회와 한국 교회의 현주소다.

2020년 전 세계를 덮친 코로나19 바이러스는 세계 모든 국가와 민족을 평등하게 만들었다. 선진국일수록 바이러스 앞에 더 취약하고, 인간이 쌓아 올린 문명이라는 바벨탑은 허상이라는 경각심을 심어주었다. 그리고 죽음이 우리 가까이 있다는 종말론적 의식이 세계인을 사로잡았다.

그리고 가정의 소중함에서 시작된 경각심은 ① 신앙의 소중함 ② 교회의 소중함 ③ 세계와 국가의 소중함으로 이어졌다. 이것은 코로나19가 남긴 선물이었다.

그러나 문제는 누가 이 유산의 소중함과 경각심을 교육의 장으로 수용하여 가정을 다시 살려내는가 하는 과제와 맞닿아 있다. 특히 가정을 장으로 하는 기독교교육은 원초적인 삶의 '자리'를 살려내는 첩경이며, 가족 구성원을 신비적 연합으로 묶는 길일 수도 있을 것이다.

이 과제를 두고 교회가 실천할 수 있는 몇 가지 가능성은 다음과 같다.

I. 가정 사역의 회복

교회는 한 집단이기 전에 가족과 가정으로 구성된 유기체적 공동체다. 가정이 살아야 교회가 살고, 교회가 살아야 가정이 사는 유기적 공동운명을 사는 공동체이다. 그러기에 미래 교회는 가정을 세우는 사역과 교육을 과감히 수행하여야 한다.

가정주일(공동체적 축제)

첫째로 교회는 가정주일과 가정주간을 연중행사가 아닌, 역사창조의 계기로 만든다. 가정 주일 예배를 어린이 청소년들이 주체가 되어 진행하는 순서로 구성하고, 많은 가족이 참여하는 공동 경험으로 진행한다.

설교를 제외한 모든 순서에 어린이 청소년들이 준비한 회중기도, 성경봉독, 신앙고백을 통해 하나님 앞과 사람들 그리고 부모 앞에서 신앙과 삶을 고백하는 경험은 회심에 이르는 계기가 될 수 있다.

이 소박한 경험은 성인들이 어린이를 예찬하고 선물을 주는 주일 행사보다 훨씬 강력한 신앙적 임팩트를 주는 것으로 알려져 있다.

가정학교-가정교실

가정주간에 1일 혹은 2일 '가정학교' 혹은 '가정교실'을 개설하고, 교인뿐 아니라 지역주민을 정중히 초청한다. 전통적인 방법이지만 '가정학교'는 교회가 지역사회와 지역 젊은 부모들과의 만남을 여는 통로가 되기도 한다.

오늘 한국은 그 어디에도 가정회복을 위한 캠페인도, 프로그램도 존재하지 않는다. 가정해체, 이혼, 자식을 갖지 않는(child free culture) 가정은 논하지만, 가정회복을 위한 프로그램은 전무한 한국 사회, 이때 교회는 역으로 가정을 살리는 중심에 서야 할 것이다.

가정기도회

코로나19는 가정의 소중함을 일깨운 계기가 되었다고 한다. 이것은 아이러니이다. 그러나 아직 가부장적 문화를 완전히 탈피하지 못한 한국 가정은 부부 사이, 부모와 자녀 사이의 대화와 경청, 응답이라는 삶의 예술에는 취약하다.

여기에 가정기도회는 문제를 풀어가는 첫 관문으로 알려져 있다. 주 1회 한 가정의 어린이와 부모가 모두 인도자가 되어 순서를 따라 기도, 성경 정독, 말씀의 의미 풀이, 신앙의 대화를 인도하는 가정기도회는 말씀을 중심으로 여는 가정의 리듬이고 통로이다.

가정기도회는 ① 주 1회 구성원 모두가 참여하고 ② 모두가 차례로 인도하는 방법이며 ③ 성경 말씀을 함께 봉독하고, ④ 말씀 경청, ⑤ 신앙의 대화로 이어가는 신앙예술 창출의 기회로 만든다. 이때 가정은 성령의 임재하심과 인간 변화의 신비를 경험하는 장이 된다.

특히 기도회 인도를 맡은 아버지, 어머니, 아들, 딸은 기도회 순서를 준비하는 과정에서 하나님과 만나는 신앙을 경험하며, 가족과 함께 나누는 신앙고백(설교 대신)에서 영혼과 영혼이 교류하는 통로가 된다. 그리고 기도회가 끝나면 아낌없는 칭찬과 격려, 대화를 이어간다.

가정기도회는 하나님과의 만남, 성경 말씀과의 만남, 가족 간의 소통을 여는 영혼의 내적 치유, 신앙의 성숙, 가정의 치유로 이어지는 소중한 장이다.

패밀리 클러스터(Family Cluster)

전술한 패밀리 클러스터(family cluster) 모형은 모든 교회가 시도할 수 있는 좋은 모형이다. 단 훈련된 지도자와 철저한 준비가 필수라는 한계가 존재한다.

교회 안의 작은 교회운동인 CYCM 참여

어린이, 청소년은 가정과 교회라는 두 '축'에서 신앙과 삶이 형성된다. 이미 제IV부에서 전술한 어린이 청소년교회 운동(CYCM)은 새로운 기적을 창출하고 있다. 어린이들 청소년들이 변하고, 교사가 변하고, 부모가 변하면서 교회가 변하고 있다. 부모는 연 1회 혹은 2회 CYCM '일일교사'로 참여하여 CYCM과 가정의 관계를 모색한다.

II. 결론적 제언

한 가정은 대우주(Macro cosmos)를 집약한 소우주(Micro cosmos)이다. 인간은 누구나

① 가정에서 태어나서(birth)
② 가정에서 양육되고(nurture)
③ 가정에서 사회화(socialization)를 배우고
④ 가정을 사회진출(placement)의 터전으로 한다.
⑤ 가정은 하나님과 하나님이 창조하신 세계와 인류를 배우고 만나는 자리이고 통로이다.

이때 이 과정은 저절로 일어나지 않는다. 가정이 스스로 배우고 터득하지도 못한다. 그렇다고 사회나 국가가 가르치지도 않는다. 오늘 가정은 한 사회와 국가의 기본단위이면서도 치외법권으로 밀려나 있다.

그러나 교회는 가정 문제를 가슴에 안고 씨름하며 치유할 수 있는 유일한 공동체다. 교회는 본질상 가정으로 구성된 공동체이며, 가정 없이는 교회는 존재하지 못하는 유기체적 관계에 놓여있다.

이를 근거로 가정을 기독교교육의 장으로 되살리기 위한 몇 가지를 정책적 대안으로 제시하고자 한다.

담임목사의 가정 사역

누구보다 중심에 서야 할 지도자는 교회의 담임목사다.

담임목사는

a. 가정사역에 대한 기본적인 이해
b. 교회 안에 가정사역 위원회 설치
c. 설교를 통한 가정의 중요성 강조
d. 월 1회 모든 속회 또는 구역회는 온 가족 초청, 어린이 청소
년 중심의 축제
e. 월 1회 전 가족이 참여하는 주일 공동 예배-어린이 청소년
의 기도, 성경 봉독, 성만찬 참여(신앙고백에 근거한)
f. 예비 신랑 · 신부 교육
g. 결혼 주례사를 통한 교육

교육 목사의 가정사역 전문화

a. 가정 사역의 전문적 이해
b. 가정사역위원회와의 협력 및 정책 수립
c. 지역 주민 초청 가정교실, 연 1-2회 주관
d. 속회 또는 구역회와 '패밀리 클러스터(family cluster 연계
시도
e. 젊은 부모의 교회학교 1일 교사 초청
f. 교사와 부모 간담회 주관

가정사역위원회

a. 가정사역 정책연구 및 수립
b. 가정사역 지원
c. 가정교실 지원

각 가정, 가정기도회 격려

a. 전 교인 주 1회 가정기도회 독려
b. 가족 구성원 모두가 차례로 기도회 순서 만들기 및 인도하기
   지침마련
c. 우리 가정 가족사(家族史) 만들기

지역 독거노인 보살피기

탈북가정 그리고 다문화 가족 초청하기

학교 기독교교육론

세계무대에 등단한 기독교교육 현장, 가정, 사회, 교회 중에 가장 늦게 뛰어든 주자는 학교였다. 그러나 학교는 가장 짧은 기간, 가장 빠른 속도로 가정, 교회, 사회를 제치고 가장 강력한 주역으로 데뷔했다.

로마가톨릭교회 사제이면서 학교에 대해 신랄한 비판을 가해온 이반 일리치(Ivan Illich) 신부는 오늘의 세계와 사회를 한 마디로 '학교화된 사회'(schooled society)라고 불렀다. '학교화 사회'란 인간은 누구나 '학교'라는 기관을 통과해야만 출세, 명예, 가문, 권력, 부를 보장받는 상표화(trade mark)된 사회로 변모했다는 의미이다.

그러기에 정치, 경제, 사회, 심지어 교회의 지도자들까지도 모두 '학교'라는 조직을 거친 사람들이다. 그래서 오늘 학교는 인간을 지배하는 새 왕자로 군림하였다. 한 걸음 더 나아가 오늘 학교는 자기만의 철학과 이념을 가지고 가정, 사회, 경제, 정치, 심지어 교회에까지 침투하여 영향력을 행사한다.

하버드맨(Harvard man), 예일맨(Yale man), 옥스퍼드맨(Oxford man), 서울대인, 연세대인, 고려대인 등의 라벨(Label)은 가문의 명예, 결혼, 사회진출, 진급, 출세에 필수적인 '상표'가 되었다.

거기에 더하여 학교는 과학적, 객관성을 이유로 종교적 교리나, 주관주의를 배격하고 과학주의를 유일한 진리로 강요한다.

여기에서 기독교학교는 신앙, 과학 사이의 갈등과 혼란을 겪을 수밖에 없다. 이러한 상황에서 기독교학교뿐 아니라, 일반 학교까지 기독교교육의 장이 될 수 있는가?

이 문제를 풀기 위해 제Ⅵ부 "학교 기독교교육론"은 학교의 기원부터 추적하여 기독교학교의 존재 이유와 목적을 찾게 될 것이다.

1장
학교의 기원

　미국 유니온신학교(Union Theological Seminary) 니버(Reinhold Niebuhr) 교수는 그의 논문, "서구문화의 두 뿌리"(*The two sources of Western Culture*)[1]에서 오늘의 서구 문명을 형성해온 두 뿌리를 추적하였다. 이 두 뿌리는 오늘의 서구 문명을 창출해 낸 근원이었다. 서구 문명의 뿌리 중 하나는 히브리적 유산이었다. 히브리적 유산은 ① 하나님의 계시, ② 인간의 신앙, ③ 계시와 신앙이 만나는 자리였다. 이 3차원이 만들어낸 역사적 산물이 유대교와 기독교였으며, 이 둘이 서구 문명의 한 '축'을 이루어 왔다고 했다.

　그러나 서구 문명에는 다른 축 하나가 강력한 세력으로 자리해 왔다고 했다. 다른 '축'은 헬레니즘으로 불리는 고대 그리스의 문화유

---

1 Reinhold Niebuhr, "The two sources of Western Culture", *The Christian Idea of Education*, ed. by Edmund Fuller(New Haven: Yale University Press, 1957).

산이었다. 헬레니즘은 ① 우주 질서, ② 철학적 사고, ③ 이성(理性)에 근거한 이념체계였다.[2]

사도 바울은 이 두 축을 '유대인은 표적을 구하고, 헬라인은 지혜를 찾으나'라는 말로 비유하였다(고전 1:22).

I. 두 문화가 창출한 학교

서구 문명의 '축'인 히브리주의와 헬레니즘은 역사 진행 과정에서 끊임없는 갈등과 반목을 되풀이하며 오늘까지 이어오고 있다.

그것은 계시(revelation) 대 형이상학(metaphysics), 신앙(faith) 대 이성(reason)의 대결에서 형성된 서구 문명이었으며, 이 두 축은 학교 설립에서도 상반되는 요인으로 작용하였다.

히브리주의가 창출한 학교

히브리 전통이 세운 처음학교는 고대 예언자 엘리야와 엘리사가 설립한 선지학교(Schools of the Prophets)였다. 선지학교는

① '원로 선지자'가 교장이 이었으며
② 선지자들의 아들들이 학생들이었으며

---

2 *Ibid.*, 237, 241.

③ 설립목적은 선지자를 세워 이스라엘 백성을 가르치기 위함이
   었다.
④ 교과목은 신학, 법률, 역사, 천문학, 수학, 음악, 시 등이었으며
   동시에 경건과 영성 훈련도 포함되어 있었다.
⑤ 졸업생은 선지자, 성경 필사자, 서기관, 율법 해석자가 되었다.

이들이 만들어낸 작품들을 묶은 것이 이스라엘의 지혜서, 탈무드
(Talmud)였다. 그러나 이 선지 학교가 얼마나 오래 지속되었는지는
알려지지 않고 있다. 다만 히브리교육은 BC 587년 바빌론의 침략으
로 예루살렘이 멸망한 시점에서 바빌론으로 끌려가 포로로 살았던
기간, BC 587~538년 사이에는 중단되었다.

그러나 BC 539년 바빌론이 페르시아에게 망하고, 바빌론 포로로
부터 풀림을 받고 돌아온 이스라엘 민족은 귀환한 이후 예루살렘에
아카데미(academy)로 불리는 고등교육기관을 설립하였다.

아카데미는 이스라엘이 세운 선지학교 다음의 두 번째 고등교육
기관이었다. 아카데미는 랍비와 서기관을 훈련하는 고등교육기관
이었으며, 교과과정은 율법, 율법해석, 인지발달을 근간으로 하는
커리큘럼이 포함되어 있었다. 그러나 엘리야의 선지학교와 후대
아카데미 사이의 연관관계는 분명하지 않다는 것이 학계의 정론
이다.

주후 70년 로마제국이 예루살렘을 파괴하면서 아카데미와 아카
데미 산하에 있던 초등, 중등학교를 모두 초토화시켰다.

그리고 주후 73년 민족과 나라를 끝까지 지키려던 게릴라 900여 명이 맛사다(Massada) 성안에서 자결한 후, 이스라엘 민족은 디아스포라 민족이 되어 고국을 떠나는 탈출을 모험해야 했다. 이때부터 전 세계로 흩어진 이스라엘 민족은 정착한 땅 구석구석에 회당을 세우고, 그 안에 회당학교들을 세우고 야웨 신앙을 가르치고 역사를 이어갔다. 여기까지는 이스라엘 민족이 창출한 히브리 문화(학교) 역사였다. 선지학교, 아카데미, 회당학교가 역사적 순서였다.

그러나 신약시대에 넘어오면서 히브리 계보의 교육은 기독교를 중심으로 계승되었다. 특히 중세 초기에 등장한 본당학교(Cathedral School)는 히브리적 유산을 계승한 처음 기독교교육기관으로 출현하였다.

주교(Bishop)가 주재하는 본당(cathedral church) 안에 설립된 '본당학교'는 높은 수준의 문법, 논리학, 웅변학(文科)과 수학, 지리학, 천문학을 결합한 종합 교과목을 설정하고 교육에 임한 고등교육기관이었다.

그러기에 서구 문명의 한 '축'인 히브리 전통은 ① 선지학교, ② 아카데미, ③ 회당, ④ 본당학교를 거쳐 구현되었다.

그러나 히브리 전통과 함께 서구 문명을 떠받친 또 하나의 '축'은 헬라(Greece)에서 발현한 헬레니즘(Hellenism)이었다. 헬레니즘은 주전 BC 387년 플라톤이 아테네에 설립한 '아카데미'를 시작으로 구현되었다. 플라톤의 아카데미는 두 개의 신화적 에피소드를 담고 있었다.

첫째 희랍의 영웅, 아카데모스(Academos)를 기리는 숲속에 자리하고 있었으며, 거기에는 뮤즈(Muses)라는 신과 여신 아테나(Athena)를 숭배하는 신전이 있었다.

아카데미가 숲 속에 자리하고 있었던 이유는 신을 숭배하기 위한 '종교적' 의미와 동시에 교사와 학생들이 함께 생활하면서 강의, 토론, 대화를 통한 진리를 탐구하는 '학문공동체'를 세우는 데 있었다.

특별히 암기식, 주입식 교육을 반대한 플라톤은 아카데미를 통해 학생들 스스로 질문을 발견하게 하고, 학생들 스스로 문제를 풀어가는 변증법을 교육 방법으로 사용하였다. 강의법도 사용했지만 대화법과 공동생활을 통한 교육 방법은 후일 '인문주의 교육'에 지대한 영향을 끼쳤다.

그러나 플라톤의 아카데미는 BC 86년 그리스를 점령한 로마제국의 술라(Sulla) 황제에 의해 무참히 파괴되면서 플라톤의 아카데미는 하나의 신화로 남는 듯하였다. 그러나 아카데미는 서구 문명, 특히 서양 교육에 깊은 '영감'과 혁명적인 방법을 남겼다.

플라톤의 제자, 아리스토텔레스는 아카데미에서 20년간(BC 367~347) 공부하고 그 후 자신이 리시움(Lyceum)이라는 학교를 세웠다. 그러나 리시움은 플라톤의 아카데미를 능가하지는 못했다.

이렇듯 초기 서구 문명은 두 개의 '축', 히브리적인 '종교적' 전승과 헬라적인 '이성적' 전승, 두 문화가 구성한 합성 문명이었다.

2장
히브리와 그리스의 만남: 우니베르시타스
— Universitas

I. 우니베르시타스(Universitas) 등장

예루살렘으로 상징된 '히브리' 전통과 아테네를 상징한 '헬라' 철학이 어느 날 절묘한 교합을 통해 예술 작품 하나를 창조해냈다. 작품명은 우니베르시타스(universitas), 대학교(大學校)였다.

1088년 이탈리아 북부 도시 볼로냐(Bologna)에 모여든 국내외 학생 수는 수천 명이었으며, 이들은 조합(guild)을 만들고, 밖으로부터 오는 압력과 간섭을 막고, 안으로는 학문의 자유를 구현하는 대학이라는 초유의 학교를 만들어냈다.

이것이 세계 최초의 대학 출현이었다. 특히 볼로냐 대학은 학생들이 주역이 되어 교수들을 초빙하고 강의를 듣는 '학생주도형 대학'이었다. 볼로냐 대학의 교과과목은 예술, 법학, 신학이었고 이미 86,550명의 국내외 학생들이 등록했으며, 학생들이 직접 운영하는 행정 체제를 갖추고 있었다.

이에 반해 1215년 프랑스에는 다른 유(流)의 파리대학교가 설립되었다. 노트르담(Notre Dame) 성당의 교구학교(cathedral school) 교수들이 조합을 만들고, 정식으로 대학을 설립한 것이다.

1200년 프랑스 왕 펠리페 5세(Felipe V)는 일찍이 파리대학교를 정식으로 공인하고 1215년 교황이 이를 승인하면서 공식 우니베르시타스로 출범하였다.

파리대학의 교과목은 예술, 신학, 의학, 법학이었으며, 그중에서도 신학은 모든 학문의 여왕(Queen of all science)이었다. 파리대학은 볼로냐 대학과는 정반대로 학생 대신 교수단이 주축이 되어 운영하는 행정 체제를 구축하였다.

이렇게 출범한 볼로냐 대학과 파리 대학은 오랜 기간 갈등 내지는 평행선을 걸어온 히브리 전통과 헬라 전통, 신앙과 이성을 하나의 종합예술로 승화시킨 역사적 사건이었다.

그러나 질문 하나가 꼬리를 물고 계속 제기되었다. 그런데 어떻게 캄캄한 암흑기 중세시대에 특히 교황과 황제가 절대권력을 가지고 유럽을 지배하던 그 시기에 교회와 국가가 운영하는 학교가 아닌 대학교(universitas)라는 제3의 조직이 출현할 수 있었는가?

이 질문에 대해 하버드대학교 교수였던 가톨릭 사학자 크리스토퍼 도슨(Chistopher Dawson, 1889~1970)은 그의 책 *Religion and the Rise* *of Western Culture*³에서 다음과 같이 설명한다.

① 12세기 암흑기에 등장한 도시는 당시 봉건사회를 무너뜨리기 시작하고
② 도시는 새로운 문화를 창출하였으며
③ 도시는 상인(商人)이라는 새 계급을 태동시키고
④ 새로운 계급으로 등장한 상인들은 자신들의 권익과 자유로운 활동을 위해 조합을 결성하였다.
⑤ 길드(guild)는 권익 보호를 보장하는 보다 큰 조직인 자유도시(commune)를 건설하고 자치(self-governing)를 실천하고 있었다.
⑥ 바로 이때 대학(우니베르시타스)의 출현은 '코뮌'의 한 모형이었다.
⑦ 그리고 대학은 성 아우구스티누스(St. Augustine)와 성 토마스 아퀴나스(St. Thomas Aquinas)의 영향을 받아 '신학'을 모든 학문의 여왕으로 높였다.

이 모든 요인을 절묘하게 결합하여 설립한 조직이 대학교였으며, 대학은 당시 절대권으로 지배하던 교황의 교회와 황제의 국가로부

---

3 Chistopher Dawson, *Religion and the rise of Western Culture*(New York: Sheed and Ward, 1950), 193-208.

터 자유로운 도성(都城)을 창출하였다. 이때 대학은 교회와 국가를 '견제'하는 제3지대였다. 그래서 대학을 제3의 도성이라고 부른다. 제3 도성인 대학은 지성과 영성의 도성이었으며 이것이 중세대학의 정체성이었다.

지성의 도성인 대학은 강의, 토론, 논쟁, 변증법으로 교육을 전개하였으며 대학 내의 기숙사는 만인 평등, 민주주의 훈련, 자유를 연습하고 단련하는 도장(道場)으로 자리매김하였다.

이것이 중세 암흑기를 뚫고 솟아 오른 우니베르시타스, 대학의 시작이고 정체성이었다.

II. 대학의 변모

히브리적 차원인 계시와 헬라적 차원인 이성이 합성한 중세 '우니베르시타스'는 그 후 독일(튀빙겐, Tübingen)과 영국(옥스퍼드, 케임브리지)을 거쳐 18세기 미국의 하버드와 예일대학으로 계승되었다.

13세기 중세 암흑기에서 18세기 산업혁명 때까지 대학은 찬란하고 화려한 황금기를 누렸다. 그러나 대학은 다음 세 가지 문화 혁명에 의해 큰 도전에 직면하였다.

처음 도전은 아그리콜라(Agricola), 로이힐린(Reuchlin), 에라스무스(Erasmus)가 주도한 인본주의(Humanism) 운동이었다.

인간의 기본권과 자유를 들고 나온 '휴머니즘'은 오랜 세월 억눌려

온 인간의 자유와 잠재력을 크게 자극하였으며, 그것은 서서히 절대 권력인 황제 중심의 국가체제와 교황 중심의 교회체제를 흔들기 시작했다.

두 번째 혁명은 인본주의의 영향을 받은 독일 대학들(Wittenberg, Konigsberg, Jena, Tübingen, Leipzig, Heidelberg) 등 개신교 대학들이 등장하면서 대학들은 고전적 라틴어, 헬라어, 히브리어, 웅변학, 논리학, 우주론, 수학 외에 새 교과목들을 더하여 새로운 통합커리큘럼을 편성하고 새로운 교육 방법을 도입하여 교육과정 전체를 변혁하였다.

이 신교육운동을 주도한 멜란히톤(Melanchton, 마틴 루터의 종교개혁 동지)의 영향은 스트라스부르(Strasbourg, 1621), 제네바(Geneva, 1558), 딜링겐(Dillengen, 1554), 할레(Halle, 1694) 대학을 설립하는 촉진제가 되었다. 그러나 이때까지는 신학, 철학, 법학, 의학이 주도권을 가지고 있었다.

그리고 문화혁명 세 번째가 뒤를 이었다. 문화혁명 세 번째는 실재주의(Realism)라는 철학운동의 등장이었다. 사실주의로 번역되는 실재주의는 만물을 있는 그대로 수용하고, 그것을 과학적으로 분석하는 과학 정신을 의미했다. 과학 정신은 모든 학문을 과학적이고 객관적으로 접근하도록 강요하기 시작했다.

영국에서 시작하여 미국으로 건너간 실재주의는 대학의 모든 과목을 과학적으로 재편성하도록 강요하였으며, 이 흐름을 아카데미 운동, 참 학교라고 불렀다. 이때부터 '라틴어'는 뒤로 밀리고 그

빈자리에는 실천경제학 등 새로운 과목들이 등장하기 시작했다.

미국 건국의 아버지로 불리는 프랭클린(Benjamin Franklin)이 세운 펜실베이니아아카데미(Pennsylvania Academy)는 바로 실재주의철학의 구현이었으며, 이는 후일 펜실베이니아대학교(University of Pennsylvania) 설립의 기초가 되었다. 이렇듯 13세기에서 18세기에 걸쳐 500년 동안 분출된 인본주의, 통합커리큘럼, 실재주의 사상은 유럽의 고전적 우니베르시타스의 변화를 강요하였으며, 미국에서는 하버드 대학 설립의 계기가 되었다.

III. 기독교 대학의 원형: 하버드대학

미국 하버드대학(Harvard College)의 출현은
① 독일, 영국대학의 도전
② 실재주의 철학사상
③ 청교도 정신인 퓨리터니즘(Puritanism)이 결합한 사상적 터전 위에 세워진 대학이었다.

특히 미국을 하나님께서 통치하시는 거룩한 나라(Holy Commonwealth)로 세운다는 청교도의 철학이 하버드대학 설립의 사상적 기초가 되었다. 청교도 신앙, 인본주의 사상, 실재주의 사상이 결합된 정신은 하버드대학의 이념, 행정 구조, 커리큘럼, 학생들의 주거대

학(Residential College)을 통하여 구현되었다. 이것이 근대 기독교 대학의 시작이고 모형이었다.

① 히브리 전통을 바탕으로 하고,

② 그 위에 인본주의와 사실주의를 합성한 과학성을 높이고,

③ 케임브리지대학의 주거 대학을 모형으로 하는 생활 공동체를 실현하는 것으로 이어졌다. 이것이 기독교 대학의 모형이 되었다.

④ 이 모형은 ⓐ 윌리엄 & 메리, ⓑ 예일, ⓒ 프린스턴 대학의 설립으로 이어지고,

⑤ 한국의 연세대학교, 이화여자대학교, 평양의 숭실대학교를 포함한 세계 기독교 대학으로 퍼져나갔다.

⑥ 그러나 순풍에 돛을 달고 순항하던 미국 기독교 대학은 갑자기 '만민을 위한 교육'이라는 슬로건을 들고 나온 벤자민 프랭클린(Benjamin Franklin)의 '평민주의' 운동과 1779년 버지니아 주 의회에 제출한 토마스 제퍼슨(Thomas Jefferson)의 '교육개혁'에 의해 새로운 도전에 직면하였다.

⑦ 특히 1785년 미국 의회가 공립학교설립을 승인하고, 학교 부지를 주 정부가 무상으로 제공하는 법이 통과되면서 미국은 기독교학교와 공교육의 경쟁 시대를 열어 놓았다.

⑧ 1862년 벨몬트(Belmont)의 하의원 제임스 모릴(James S. Morrill)이 제출한 '토지 허용법' 일명 'Morrill Act'가 통과되면서 미국

은 주립대(state university) 설립을 공인하고, 이때부터 사립학교
와의 경쟁, 갈등을 가속화시켰다.

⑨ 거기에 더하여 변호사이며 정치인이었던 호레이스 만(Horace
Mann)이 주장하고 나온 커먼스쿨(common school)이 미국 전역
으로 확대되면서 미국은 사립학교(private school) 대 공립학교
(public school)의 대결구조로 확대되어 갔다.

커먼스쿨 운동은 초등학교에서 고등학교까지 국가가 책임지는
의무교육으로 제도화되었으며, 그 결과 미국 전 인구 대비 78%를
고졸 학력 인구로 높여 놓았다.

이 모든 변화는 1791년 교회와 국가의 분리를 헌법 제1조로 통과
시킨 미국 국회의 결정에 따른 후속 현상들이었다.

본래 교회와 국가 분리 헌법은 미국의 국교화(state religion)를 막기
위한 헌법이었으나, 해석 및 실행 과정에서 이 헌법은 기독교학교와
공립학교의 갈등을 극과 극으로 내몰아 넣은 법이 되었다.

이렇게 시작된 미국의 기독교학교와 공교육 사이의 경쟁은 '부잣
집 아이들은 기독교 사립학교로', '가난한 집 아이들은 공립학교로'
보내는 양극화로 나타났다.

그리고 기독교학교에 대한 국가지원이 금지되면서 기독교학교
는 점차 교회, 학부모, 자선단체에 의존해야 하는 새로운 국면으로
접어들었다. 이 변화는 기독교학교를 궁지와 위기로 몰아넣은 원인
이 되었다.

3장
한국 학교와 교육

I. 고대·근대 한국 교육사

한국교육 사상사 전공인 손인수 교수는 『삼국시대의 교육』[4]에서 고대 한국교육을 크게 두 단계로 설명한다.

하나는 초기 불교가 실시한 사원(寺院) 교육이었다. 사원교육은 인과응보, 자비, 평등, 생명 존중 사상을 근간으로 한 원효대사의 가르침을 사원을 통해 실시한 민중 교육이었으며, 사원은 민중의 도덕심을 높인 교화의 장이었다고 풀이한다.

그러나 고구려의 관학(官學, 372년), 백제의 박사제(博士制, 375년), 신라의 화랑도(花郎徒)와 국학(國學, 682년)이 등장하면서 초기 불교 교육은 점차 약화되고 유교 교육 시대가 열렸다.

---

4 손인수, 三國時代의 敎育, 한국교육사연구원, 교육출판사, 1981.

더욱이 고려 '성종' 11년에 세운 국자감(國子監, 992년)은 수준 높은 고등교육기관이었으며, 이는 조선 시대의 성균관(成均館, 1398년)을 태동시킨 모체였다.[5]

그러나 정순목 박사는 고려 이조 시대에 발전한 고등교육은 민중이 배제된 관료적, 귀족적 교육이었으며, 이는 양반과 상민의 차별화를 더욱 심화시킨 한계와 약점을 가지고 있었다고 비판했다.[6]

그 와중에 19세기 중엽, 천주교 박해, 미국 상선(商船) 소각, 미국과 세계열방의 정치·외교적 압박이 가해지면서 대한제국(大韓帝國)은 1882년 최초로 한·미수교(韓美修交)를 체결하고, 1883년 처음으로 외교사절이 조선을 방문한 이후 정치적 상황이 급변하기 시작했다.

이때부터 불교와 유교의 영향력은 급격히 저하되면서 조선은 이념의 공백기를 맞이했다.

이때 자생한 운동이 실학(實學)과 동학사상(東學思想)에서 나온 민족교육운동이었으며(노영택) '기독교 복음과 서양문화의 결합에서 나온 운동'이 신문화운동이었다(오천석).

여기에 더하여 이만열 교수는 "종교교육 투쟁"에서 기독교가 몰고 온 반봉건주의 사상이 조선의 개화를 열었으며 배재학당은 민족의 '얼'을 일깨운 구국교육이었다고 풀이했다.[7]

---

5 *Ibid.*, 13-18.
6 정순목, 조선 시대의 교육사상과 사회적 기관, 교육과 사회, 한국기독교사회문제연구원, 민중사, 86.

배재, 이화, 경신, 정신학교의 등장은 기독교적인 '사랑'과 호레이스 만의 평등주의를 동시에 이 땅에 구현한 문화혁명이었다.

긴긴 세월 '양반, 상민'의 계급적 차별, '남존여비' 사상으로 인간의 존엄성이 크게 훼손되어 온 조선 땅에 만인평등, 남녀평등, 하나님 사랑, 이웃 사랑의 메시지는 잠자던 민족혼을 일깨운 역사 변혁이었다.

II. 한국 기독교학교의 역사

한국 기독교학교의 역사는 여러 차원에서 미국 기독교학교 역사와 닮은꼴이었다. 정치적 상황은 달랐으나, 국가와 종교의 분리라는 헌법 조항이 저변에서 작용한 역사 진행 때문이었다.

한국 기독교학교 역사 1기는 1885년에서 1905년까지를 계수한다.

이 기간은 선교사들이 세운 네 학교, '배재', '이화'(감리교), '경신', '정신'(장로교) 학교를 통해 서양 문명의 이식과 '하나님 사랑', '이웃 사랑', '나라 사랑'을 심어주었으며, 민족주의를 일깨운 문화혁명의 시점이 되었다.

---

7 이만열, 종교교육투쟁, 민중운동총서, 1980. 18.

기독교 신앙과 민족혼의 일깨움은 무력으로 침입해 들어오는 일본제국주의 침략에 대한 비폭력 저항과 구국운동의 기초를 놓았다.

제2기는 1905년에서 1919년까지를 계수한다.

1910년 한·일 합방을 강행한 일제는 교묘한 방법으로 정(政), 교(敎) 분리라는 미국헌법조항을 악용하였다. 정·교 분리는 특정 종교나 교파의 국교화를 막기 위해 제정한 미국 헌법이었으나, 일제는 이를 교묘히 이용하여 민족운동의 근원지로 판단한 기독교학교를 말살하기 위한 전략적 도구로 사용하였다.

1910년 2월 통계에는 이미 장로교 계통의 학교가 501교, 감리교 계통의 학교가 158교, 성공회 4교, 안식교 2교, 종파 미상의 학교가 84교, 로마 가톨릭 46교 합 796교가 이 땅 안에 설립되어 있었으며, 그곳은 신앙을 통한 역사의식을 심어가는 현장이었다.

잠재적 위험을 감지한 일제는 정·교 분리 헌법을 내세워 1908년에는 '사립 학교령', 1911년에는 '조선 교육령', 1911년에는 '사립학교 규칙', 1915년에는 '교육령 개정'을 제정하여 기독교학교를 전략적으로 말살하는 정책을 폈다.

하지만 그럴수록 기독교학교는 전국으로 더 거세게 확산되고, '교육구국운동'과 함께 민족 수호를 향한 발걸음을 늦추지 않았다. 이는 1919년 3·1 운동의 원동력이 되고 있었다.

제3기는 1920년에서 1945년을 계수하며, 이 25년은 기독교학교 수난기였다.

침략을 강화한 일제는 1931년 만주를 점령하고, 1938년에는 모든 조선인에게 일본어 사용과 신사참배를 강요했으며, 1940년에는 우리 성을 일본 성으로 개명하고, 1941년에는 진주만을 기습하는 정치 행각을 이어갔다.

그러면서 안으로는 1938년 3차 조선교육령, 4차 교육령을 발표하고, 기독교학교 말살정책을 더욱 강화하였다.

이때 평양 숭실학원이 저항으로 맞서자 신입생 모집을 중단시키고, 신사참배를 거부한 광주의 소피아 여학교는 폐교를 당하고, 전주의 신흥학교는 자진 폐교로 저항하였다.

제4기는 1945년 해방에서 1980년 고교내신제(高校內申制)까지 계수한다.

1945년 해방은 위축되었던 한국교육의 일대 변화와 가능성을 열어 놓았다. 36년간 일본식 교육에 익숙해진 한국의 권위주의교육은 미국에서 들어온 진보주의 교육과 갈등을 겪었으며, 안으로부터 치솟은 홍익인간(弘益人間)의 등장은 혼란을 더욱 가중시켰다.

이 틈새에 낀 기독교학교는 기독교학교의 정체성을 확립하기도 전에, 정부에 밀리고, 일반 학교에 밀려 정체성 혼란을 겪어야 했다.

신앙교육과 일반교육이라는 양 차원의 융합 내지는 변증법적 통합을 이루어야 하는 기독교학교 설립목적과 소위 일류학교(一流學

校)를 향한 학부모의 기대 틈새에 낀 기독교학교는 긴긴 시간 혼란을 거듭하였다.

거기에 교목 제도를 불법으로 간주한 문교 당국의 처사는 기독교 학교를 더욱 어려운 처지로 몰아갔다. 그러나 결정적인 문제는 1969년 문교부가 중학교 무시험제, 1974년 고교추첨제, 1980년 고교 내신제를 시행하면서, 모든 학교를 단일체제로 바꾸고, 국가의 통제로 묶기 시작한 국가 교육정책 때부터였다.

기독교학교는 설립이념의 특수성과 일반교육의 통합을 살리기도 전에, 국가정책에 의해 돌연 준 공립학교로 강요당하기 시작했다. 이때부터 교목, 채플, 성경교육은 졸지에 불법화되었다.

1980년 이후 몇 기독교학교는 특수학교로 변신하여 명맥을 유지하고 있으나, 대부분의 기독교학교는 문교부의 정책 안에서 교사로서의 교목, 선택과목으로서의 성경 교육을 실시하는 등 준 공립학교로 추락하였다.

그 후 기독교학교는 기독교학교로서 존재 이유를 뒤로 한 채 생존 경쟁의 늪에서 일반 보통학교로서 생존을 유지하고 있다. 오늘 한국 기독교학교는 기독교적 이념과 학문적 수월성 사이에 낀 샌드위치가 되었다.

4장
학교 교육의 문제와 위기

I. 학교의 위기

오늘 기독교학교가 당면한 문제를 풀기 위해서는 "'학교'가 무엇인가?"라는 원초적 물음에서 다시 시작하는 것이 현명한 접근일수 있다.

학교는 앞서 논의한 대로 가정, 국가, 교회 보다 훨씬 뒤에 출현한 후발주자였다. 그리고 학교는 본래 한 나라와 민족의 전통을 전수하고 그것을 재창조하는 문화화하는 장이었다.

그러나 어느 순간부터 학교는 인간을 조작하고 역사를 왜곡하고 사회를 통제하는 거인이 되었다.

역기능화된 학교를 비판하고 나선 처음 사람은 18세기 스위스의 사회 계약론자 루소(Jean Jacques Rousseau)였다. 루소는 학교가 인간이 누려야 할 기본적인 자유를 억압하는 조직으로 전락했으며, 학교는 폐기되어야 한다고 주장했다.

그러나 20세기 중엽 학교를 찬양하고 나선 학자는 미국의 듀이(John Dewey)였다. 그는 학교가 한 자아와 사회를 이어주는 상호작용의 '끈'이라고 극찬하였다. 이때 나온 시카고대학 실험학교 운동은 전 세계로 확산되고, 이때부터 학교는 20세기의 꽃으로 다시 등장하였다.

그러나 비대해진 학교는 다시 비판의 대상이 되었다. 앞서 전술한 이반 일리치(Ivan Illich)는 "학교는 죽었다"라고 선언하면서 학교의 비대화와 비인간화를 비판하고 나섰다.

특히 『학교 없는 사회』(Deschooling Society)[8]에서 일리치는 오늘의 학교를 '성공을 향해 올라가는 승강기'로 비유했다. 이 승강기 작동과정을 학교화(schooled)라 불렀으며, 여기서 학생은 주체가 아니라 학교에 의해 조작되는 객체로 전락하고, 학년, 성적은 소비인간을 만드는 팻말이라고 했다. 소비계급에 속하지 못한 사람은 가난한 계급이 되어 평생 무기력한 계층의 삶을 살아야 한다.

그리고 학교의 비대화는 지식을 무기화하여 가정, 사회, 정치, 경제 모든 분야를 통제한다고 했다. 오늘 한 나라의 GDP는 GNE(Gross National Education)와 정비례하며, GNE는 GDP를 조절하는 주인이 되었다.

그러나 일리치는 학교의 미래도 제시하였다. 학교의 미래는 오직

---

8 Ivan Illich, *Descholing Society*(New York: Harper & Row, 1970), 1.

한 가지, 인간을 회복하고 문화를 창조하는 공동체로 어떻게 거듭나는가에 있다고 결론지었다. 인간을 중심에 두는 문화 창조! 여기에 학교 교육의 미래가 있다는 의미이다.

일리치에 이어 학교 교육의 실패를 들고 나온 조지 앨스틴(George van Alstie)은 그의 책 *The Christian and the Public Schools*[9]에서 실패의 이유 두 가지를 들었다.

처음은 교육철학의 상실이다.

한때는 위대함의 비전으로 출범했던 미국 공교육이 인본주의의 수하가 되면서 미국을 범죄, 가정 붕괴, 전쟁 선호 국가로 전락시켰다고 비판했다.

종교 중립, 가치중립이어야 함에도 불구하고 공립학교는 세속주의(secularism)에 노예가 되어 미국을 본능적 소비문화의 노예로 만들었다고 비판했다.

두 번째 문제는 공교육의 비대화이다. 세금으로 세운 공교육은 행정 왕국이 되어 학교를 공장 기계처럼 돌린다고 했다. 교사와 학생은 공장처럼 돌아가는 구조 속에서 생산자와 소비자로 만날 뿐, 인격적인 대면, 교류, 배움은 사라졌다고 했다.

일리치와 올스타인의 비판은 한국의 "敎育과 社會"가 내놓은 르포에서도 그대로 노출되었다.[10] 계층상승의 수단, 과밀 학급, 소

---

9 George van Alstine, *The Christian and the Public Schools*(Nashvile: Abingdon Press, 1982), 82-84.
10 한국기독교사회문제연구원, 239-240.

비문화의 공장으로 상징된 한국의 공교육은 이미 한국을 학교화 사회로 몰아넣었다고 비판했다.

II. 기독교학교의 위기

세금으로 운영되는 공교육은 비만화, 기술 왕국화, 행정 왕국화라는 비판에도 불구하고 승승장구하는 반면, 교회지원과 학생등록금에 의존하는 기독교학교의 운명은 하곡선을 달리고 있다.

'미국 기독교 대학'을 주제로 글을 쓴 매닝 패틸로(Manning Pattillo)와 도널드 매켄지(Donald Mackenzie)[11]는 1962년 미국 기독교 대학은 817교였으나 10년 뒤, 1972년에는 100학교가 문을 닫은 717교로 줄었다고 보도했다. 100대학이 문을 닫은 이유는 재정난이었다. 교인 감소로 돌아선 미국 교회의 지원이 중단되었기 때문이었다. 재정난에 직면한 기독교 대학은 연쇄적으로 다음 몇 가지를 선택해야 했다.

첫째는 등록금을 올리는 정책이었다. 그러나 등록금이 비싸지자 우수한 학생들은 등록금이 저렴한 주립대학교로 전학하고, 학력이 떨어지는 학생들만 남았다. 이는 자연스레 학문의 수월성이 하락하

---

11 Manning Pattillo · Donald Mackenzie, *Church-Sponsored Higher Education in the United States: Report of the Danforth Commission*(Washington: American Council on Education, 1966), 98.

는 비례로 나타났다.

둘째는 교수 급여 삭감정책이었다. 급여가 줄자 우수한 교수들은 타 대학의 교수로 초빙되어 떠났다.

셋째 경쟁력을 잃은 기독교 대학들은 타 대학과 병합을 하든지, 폐교를 선택하였다. 이 흐름은 1970년대에서 현재까지 계속되고 있으며, 하버드(Harvard), 예일(Yale), 프린스턴(Princeton), 윌리엄 앤 드 메리(William and Mary), 브라운(Brown), 코넬(Coenell), 듀크(Duke), 에모리(Emory), 밴더빌트(Vanderbilt)대학교 등 초대형 기독교 대학을 제외한 많은 소규모 기독교 대학들을 위기로 몰아넣었다.

1972년 필자가 조사한 한국 감리교 계통 기독교학교 조사는 많은 한계에도 불구하고 중요한 흐름을 포착한 통계라는 점에서 유효한 연구였다. 이 연구에서 몇 가지 문제를 발견하였다.

첫째로 한국의 기독교학교, 특히 고등학교는 학교설립의 이념과 대학진학 사이에서 깊은 갈등을 겪고 있었다. 점차 거세지는 대학진학의 압력은 기독교교육보다 일반과목의 수월성을 우선하였으며, 이는 행정부와 교사 그리고 학부모를 향한 말 없는 조직적 압력이 작용하고 있었다.

두 번째는 정부의 통제정책이 기독교학교의 자율성과 독자성을 크게 훼손하고 있었다. 특히 채플과 성경 교육을 불법으로 규정함으로써 학교설립의 목적마저 훼손하고 있었다.

세 번째는 행정적·재정적 지원은 뒤로하고 이사 파송을 정치적으로 활용하는 교단과 교회 지도자들의 자세였다. 누구의 지원도 받지 못하는 기독교학교는 자연스레 교사 봉급을 지원하는 국가정책에 기울면서 기독교교육은 명맥만 유지하는 수단으로 선회하였다.

그리고 기독교 대학은 기독교적이라는 정체성보다는 학문적 우수성으로 방향을 선회하면서, 점차 교목실, 채플, 기독교개론은 약화되고, 그 틈새에는 준 교회로 불리는 파라 처치(Para Church) SCA, CCC, IVF, UBF 등이 파고들었다.

오늘 한국 기독교학교는 기독교적 이념과 공교육의 압력 사이의 샌드위치가 되어, 정체성 혼란 속에서 생존게임을 계속하고 있는 작은 거인이 되었다.

5장
기독교학교의 현장화

I. 기독교학교의 정체성 회복

청교도주의(Puritanism)는 미국을 하나님의 통치가 실현되는 기독교 국가(국교가 아닌) 창조를 목적으로 했던 신앙과 사상이었다. 미국 기독교 대학은 이 사상을 근간으로 설립한 학문의 전당이었다.

그러나 200년이 지난 오늘 미국 기독교 대학은 거센 세속주의 파도에 밀려, 네 가지 중 하나를 선택해야 하는 운명에 놓였다.

① 하나는 소속 교단을 떠나 종교 없는 학교로 변신하는 탈종교화(脫 宗敎化)의 길이다. 자기를 낳아 준 교단이나 교회를 떠나 홀로 서 보겠다는 흐름이다.

② 두 번째는 공립화(公立化)다. 재단과 재산 모두를 주 정부나 국가에 헌납하고 주립대학으로 변신하는 흐름이다.

③ 세 번째는 자폭의 길이다.

④ 네 번째는 작은 규모의 기독교 대학들이지만 죽기를 거부하고 '기독교적 이념을' 부둥켜안고 '학문의 수월성'을 추구하고 있는 그룹이다. 이들은 기독교 대학의 존재 이유를 끝까지 붙들고 날마다 새로운 존재 양식을 모색하고 있는 창조적 소수다.

오늘 한국은 점차 심화되는 '인구절벽'의 여파가 지방 기독교학교의 생존을 압박하기 시작했다고 한다. 지금의 추세라면 지방학교는 2030에는 1/3 이상이 문을 닫을 것이라는 예고이다.

여기에 저명한 사회학자 데이비드 리스먼(David Riesman)은 공저서 *Academic Revolution*[12]에서 기독교학교를 향해 한 가지를 강력히 당부하고 있다. 어떤 상황에 처하든지 기독교 대학은 많은 대학이 가고 있는 '세속화'의 길을 따라가거나 '모방'하지 말라고 충고했다. 모방을 아카데믹 아이소모피즘(academic isomorphism, 학문 모방주의)라고 불렀으며, 이는 기독교 대학의 생명을 죽이는 길이라고 경고했다.

그는 이어 기독교학교는 기독교학교만이 가지고 있는 이념과 잠재력 그리고 가능성을 극대화하라고 강력히 권고했다. 자기 학교만의 정체성 수립이 생명을 살리는 길이며, 이 길만이 생존게임에서 승리할 수 있는 유일한 길이라고 충고했다.

---

12 David Riesman, *Academic Revolution*(New York: Doubleday & Co., 1968), 333.

퀘이커(Quaker) 신학자면서 세계 신학자 반열에 올랐던 엘튼 트루블러드(Elton Trueblood)는 그의 명저, *The Idea of a College*[13]에서 기독교 대학의 정체성과 비전을 다음과 같이 제시하였다. 학문의 수월성(academic excellence)이 없는 신앙만을 추구하거나, 신앙 없는 학문만을 추구하는 한, 기독교 대학은 사멸한다고 경고했다. 기독교 대학은 신앙과 학문을 변증법적으로 통합해 가는 예술을 살려낼 때, 그때 살아나는 공동체라 했다. 모든 학문은 하나님의 영광을 드러내는 창조물이며, 과학은 성서적 진리의 표현으로 보아야 하기 때문이라 했다. 그러기에 기독교 대학은 신앙과 과학, 실험과 탐구를 하나님의 창조에 참여하는 과정으로 보고 과감히 수용하는 공동체라 했다.

바로 그 이유로 기독교 대학은 일반 대학보다 더 높은 학문적 수월성을 쌓아가야 한다고 했다. 학문의 수월성은 넓은 의미에서 신앙의 표현이라는 것이다. 기독교 대학의 이 모험은 국립대학이나 일반대학이 감히 흉내내지 못하는 기독교학교만의 독특성(uniqueness)이고 특수성(distinctiveness)이라 했다.

오늘 기독교학교의 미래가 불투명하고 불확실한 것은 전 세계적인 현상이다. 그러나 기독교 대학은 중세 '우니베르시타스'가 품었던 히브리적 신앙과 헬라적 이성의 변증법적 통합을 재연해야 한다.

이를 위해 행정부, 교수단, 학생공동체는 하나님의 계시와 인간

---

13 Elton Trueblood, *The Idea of a College*(New York: Harper & Brothers Publishers, 1969), 18.

이성이 엮어 만들어내는 학문 공동체의 주역으로 다시 서야 한다. 이것이 오늘 거대왕국으로 군림하여 인간과 역사를 비인간화해 가는 종합대학교(mulit-versity)를 견제하고, 인간과 역사를 다시 살려내는 기독교학교의 존재 이유다.

II. 이사 파송

기독교학교를 다시 기독교학교로 회복하는 정책은 크게 두 차원에서 접근할 수 있다. 처음은 기독교학교를 향한 교단의 정책변화이다. 신자 감소세로 인한 교회가 재정적으로 학교를 지원하는 정책은 이미 난관에 봉착했다. 그러나 교회는 학교를 향해 두 가지를 지원할 수 있다.

다른 하나는 교단에서 파송하는 이사선임과 파송을 정치적 안배에서 집행해 오던 관행을 과감히 접어야 한다. 비전문성으로 학교를 도울 수는 없기 때문이다.

교단 이사 선임은 어떤 모양으로든지 학교를 도울 수 있는 이사로 교체하는 정책을 펴야 할 것이다. 전문 경영인, 법조인, 교육가, 회계 전문가를 선임하여 학교 경영을 도울 수 있는 이사들로 구성하여야 한다. 전문인으로 구성된 이사회는 학교 설립자의 사유화를 막고, 교육부와의 마찰을 극소화하고, 학교 구성원의 신뢰를 얻을 수 있는 기구로 전환되어야 한다.

III. 헌법, 교회와 국가의 분리에서 풀어보는 기독교학교[14]

기독교학교를 현장화하는 교회의 두 번째 정책적 지원은 이사 파송에 이어 기독교학교, 특히 중·고등학교를 '교회와 국가의 분리'라는 헌법에 근거하여 정부의 준공립화 정책으로부터 기독교학교를 보호하고 기독교학교의 정체성을 세우는 작업을 돕는 정책이다.

이 문제는 정부와의 법적 투쟁까지 감수해야 하는 어렵고도 전문성을 요하는 분야이다. 특히 미국의 헌법을 근간으로 만든 한국 헌법에 대한 '법리적 해석'을 통해 기독교학교의 자율성을 크게 훼손한 정부 정책에 대해 근본적인 시정을 촉구해야 할 것이다.

서울대 법대 명예교수인 최종고 박사는 1982년에 발간된 『종교 관례집』에 투고한 '한국 종교법의 역사적 기초'[15]에서 몇 가지 중요한 역사적 사실들을 들어 논거하였다.

한국의 정(政), 교(敎) 분리는 1886년 한·프 수교 체결을 기점으로 역사상 최초의 법적 문제로 부각 되었다고 했다. 조선왕조 시에는 왕실과 유교 사이의 갈등이 있을 수가 없었다. 종교와 정치가 모두 절대 왕 밑에 있었기 때문이다. 고대 불교는 호국불교(護國佛敎)였기에 정교분리가 아니라 오히려 정교합일(政敎合一)이었다.

그러나 정교분리는 서학(西學)으로 알려진 로마가톨릭교회를 소

---

14 여기에 전개되는 논의는 전문적·법적문제를 다루기에 난해할 수도 있음.
15 최종고, 「한국 종교법의 역사적 기초」, 『종교 관례집』(육법사, 1982), 21-67.

멸하기 위해 만든 성문법전, 경국대전, 토역 송교문 등 특별법을 제정한 기점에서 드러내기 시작했다.

6명의 선교사와 8천 명의 신도를 학살한 후 서양으로부터 불어온 정치적 압력과 이를 거부하는 대한제국 사이의 갈등은 일단 정치와 종교를 분리하는 조약으로 잠정 마무리 지었다.

바로 이 조약이 1899년 3월 9일 당시 내무부 지방 국장 정준시와 로마가톨릭교회 교구장, 뮤텔(Mutel G.)이 맺은 교민조약이었다. 교민조약에서 "선교사는 행정에 관여하지 못하며, 행정관은 선교에 관여하지 않는다"라는 내용이 들어 있었다. 이 조약은 한국 역사상 최초로 왕실과 종교가 서로 간섭하지 않는다는 정교분리의 선언을 약속한 조약이었다.

모처럼의 해방 분위기는 1885년 배재, 이화, 경신, 정신학교 설립으로 이어졌다. 특히 배재와 이화라는 학교명은 왕실로부터 하사되었다. 그러나 문제는 1905년 을사보호조약과 1910년 경술국치가 강행되면서 일본에 점령을 당한 대한제국의 말기, 통감(統監)으로 당시 수도인 경성(京城), 지금의 서울에 들어온 이토 히로부미가 정교분리를 내세운 데 있었다.

그것은 기독교학교와 종교의 자유를 허용하는 것이 아니라, 종교와 기독교학교를 박해하고 탄압하기 위해 위장한 전술이었다. 1908년 사립 학교령, 1911년 조선교육령, 1938년 제4차 교육령은 기독교학교를 탄압하기 위한 수단이었다.

그러나 보다 심각한 문제는 1945년 8·15 해방과 함께 정교분리는 대한민국에서도 계속된 데 있었다. 1948년 7월 17일에 제정된 대한민국 헌법 제12조는 다음과 같다.

모든 국민은 신앙과 양심의 자유를 가진다. 국교(國敎)는 존재하지 아니하며, 종교는 정치로부터 분리된다.

이 조항은 정교분리를 철저히 보장하는 미국 헌법의 부가조항과 맥을 같이하는 조항이었다. 놀랍게도 이 조항은 1972년 12월 27일에 선포한 유신헌법에도, 제5공화국 헌법 제19조에도 그대로 이어졌다.

문제는 1969년 중학교 무시험제 실시, 1973년 고교평준화와 때를 맞춰 기독교학교의 종교교육을 정규과목으로 인정하지 않는다는 일련의 지시가 하달된 데서 발단되었다. 이때부터 국가와 교회 사이의 갈등이 시작되었다.

정교분리에 따라 기독교교육을 목적으로 설립한 기독교학교를 정부가 불법화했기 때문이었다. 이때 기독교학교는 정체성 위기에 직면하였다.

그 후 다양한 통로를 통해 건의문이 오고갔으며 성경교육을 종교과목이라 칭하고, 선택과목으로 인정하는 선에서 타협하고, 성경교사 자격을 인정하는 수준에서 일단락지었다. 그러나 이 타협안은 극히 위험하고도 잠정적인 조치였을 뿐, 언제 또다시 쟁점화될지 모르는 이슈로 잠복해 있다.

앞날을 위해 기독교학교 문제는 정교분리의 헌법을 기초로, 교회와 정부가 법리적 해결을 거쳐 해결해야 할 근본 과제로 남아 있다. 성경교육과 성경 교사 자격 문제 그리고 교목 문제는 단순한 법적, 교육적 문제가 아니라 기독교학교의 정체성과 연관된 존재론적 문제이기 때문이다.

미국 대법원 판례(참고자료)

다음 논의하는 기독교학교 문제는 미국 대법원 판례에 나타난 사례를 근간으로 미국 기독교학교가 모색한 방법을 추적하여 그것을 교훈으로 수용하는 데 있다.

미국과 한국의 공통 헌법 조항인 '정교분리'는 종교의 다원성을 전제로 하는 법적 장치이다. 여전히 '쟁점'으로 남아있는 한국 기독교학교의 자율성의 문제는 각기 다른 정권의 재량에 의존할 수 없는 법적 문제이기에 이 문제는 법적으로 풀어야 하는 '이슈'고 과제이다.

이 문제를 두고 긴 시간 갈등과 해결의 순환을 거듭해 온 미국 대법원 판례는 좋은 선례와 참고자료가 될 것이다.

1789년 인권선언과 함께 반포된 정교분리는 긴 세월 미국 대법원과 기독교 간의 줄다리기 논쟁으로 이어져 왔다. 처음 사례는 1844년 Vital vs. Girad's Executor였다. 필라델피아의 거부 지라드(Stephen Girard)가 유산과 함께 유서 하나를 남겼다. 유산은 '고아를 위한 대학설립'이고, 유언은 "어떤 교파의 목사나 선교사도 이 대학의 지도자가 될 수 없다"라는 조항이었다. 그러나 지라드 후손들은

'반기독교적 요소들을 풀고, 유언을 무효로 해 달라'는 소송을 제기하였다.

이때 대법원은 헌법 제1조의 '펜실베이니아 법은 기독교의 자유만이 아니라 모든 종교의 자유를 포함한다'는 이유를 들어 무효소송을 패소시켰다. 1923년 'Meyer vs. Nebraska' 판례에서는 독일계 사립 기독교학교의 '독일어 성경 교육'을 합법화시켰다. 주 정부는 기독교 사립학교에 개입할 수 없다는 판결이었다. 그 후에도 계속된 국가와 종교 간의 영역 싸움은 치열하였다.

1947년 'Everson vs. 교육청', 1948년 'McMollum vs. 교육청', 1952년 'Zorah vs. Clauson', 1962년 'Engel vs. Vitale', 1963년 'Abingdon vs. Schempt', 'Murry vs. Curlet'은 이들 판례에서 대법원은 국가가 세운 공립학교에서의 어떤 형식의 종교행사(기도, 성경 읽기 등)도 모두 불법으로 판결하였다. 동시에 종교가 세운 학교에 대해서는 국가가 관여할 수도 없고, 관여해서도 안 된다는 판결이었다.

이 모든 미국의 판례들은 앞으로 한국교회가 전개해야 할 기독교학교의 자율성 회복에 중요한 선례와 근거 그리고 지침이 될 수 있을 것이다.

6장
전략적 제언

지금까지 우리는 우리의 삶, 가정, 교회 그리고 심지어 온 세계를 지배하고 있는 '학교'에 관한 역사, 쟁점, 가능성을 추적하고 쟁점들을 논하였다.

그러나 오늘 기독교교육은 "학교를 장으로 하는 기독교교육의 가능성을 포기할 것인가, 아니면 기독교학교를 본연의 자리로 회복할 것인가?"라는 선택의 기로에 서 있다.

그리고 방향을 잡지 못한 채 속수무책으로 일관하고 있는 교회 지도자들의 안일주의가 문제다. 이대로 방치하면 기독교학교는 개인의 소유로 넘어가든지, 특정 정치 그룹의 소유로 전락할 수밖에 없는 위기 상황으로 떨어질 것이다.

선택은 두 가지로 요약된다.

하나는 기독교학교의 운명을 학교 운영자와 정부에 맡기고 교회는 지금처럼 침묵을 지키는 길이다. 이 길은 극히 위험한 선택이다.

그러나 다른 하나는 아직 무한의 잠재력을 가지고 있는 기독교학교(교단이 세운)를 신앙과 학문의 장으로 다시 세우는 길이다.

만일 한국교회가 후자의 길을 선택한다면, 다음 몇 가지를 정책적으로 풀어가야 할 것이다.

I. 정책 1. 교단 연합협의체 구성

① 기존하는 기독교교육협회, 기독교학교연맹, 기독교교육연합회(장로교 계통)는 전문가 대표들로 구성하는 '종합협의체'를 구성한다.

② 종합협의체는 반드시 학교 교육 전문가(전직 교육공무원, 법조인 등 한국과 미국 헌법에 능통한 전문인), 학교 행정 경험자, 유능한 교목과 교사)들로 구성한다.

③ 종합협의체는 정부의 기독교학교의 헌법적 보장, 기독교학교의 정체성 회복, 채플과 성경 교육의 자율성을 법적으로 보장하는 법적 장치를 모색한다.

II. 정책 2. 기독교학교의 행정 구조

① 기독교학교의 행정은 학교의 모든 정책, 구성을 하나님의 뜻이

실현되는 통로로, 신앙과 학문의 통합을 지원하는 구조로 구성
한다.

② 이를 위해 행정부는 민주적(참여적) 체제를 추구한다.

③ 행정부는 수시로 교사, 학생, 학부모의 소리를 경청하고 행정
에 반영한다.

④ 교사 선임은 영성과 전문성을 갖춘 후보자를 기준으로 하며,
계속 성장할 수 있는 잠재력을 고려하여 선임한다.

⑤ 행정책임자는 기독교학교의 정체성 회복과 학문의 수월성을
높이기 위해 기독교학교 철학과 행정, 대정부협의에 능통해야
한다.

III. 정책 3. 교목실 및 성경 교육

① 교목은 교사이며 동시 목회자이다. 영성과 전문성의 종합을 이
루어가는 목회자이며 동시에 학원 선교의 전문인으로서 학교
안에 현존한다.

② 교목은 교사와 학생, 학부모의 소리를 경청하는 리스너
(Listener)이며 교장을 도와 학교 정책에 반영하는 영적 지도자
이다.

③ 교목은 설교, 강연 위주의 채플을 넘어 교사와 학생이 주체로
참여하는 공동체 체제로 바꾸고 그것을 실천해가는 감독

서 펼치시는 사랑의 정의, 창조적 정의이다. 아가페로 표현되는 하나님의 창조적 정의는 인권·분배·법치 정의를 완성하는 하나님의 정의이다. 예를 들어, 모세오경에 여러 차례 명하신 도피성은 3차원의 정의로 해결하지 못하는 영역에 아가페를 실현하시는 하나님의 창조적 정의의 모형이었다.

그리고 이사야 53장은 하나님의 창조적 정의를 고난받는 종으로 묘사했으며, 요한복음 기자는 하나님의 사랑을 '세상 죄를 지고 가는 하나님의 어린 양'(요 1:29)으로 고백하였다.

창조적 정의는 예수 그리스도의 공생애 사역을 통해 온전히 구현되었다. 가난한 자, 눈먼 자를 품으셨던 예수는 인권, 분배, 법치 정의를 넘어선 하나님 사랑의 구현이었으며, 그의 십자가 죽으심과 부활하심은 하나님의 사랑, 아가페의 완성이었다.

예수의 부활하심에서 시작된 초대교회는 주인과 종, 나그네가 함께 나눈 공동식사를 통해 형제애 코이노니아를 나눴으며, 서로가 재산을 서로 통용하고, 고아와 과부를 돌보는 섬김 디아코니아를 통해 이 땅에 하나님의 창조적 정의와 사랑을 구현하였다.

구약과 신약은 인권 정의, 분배 정의, 징벌 정의를 담은 경전이며 동시에 하나님의 사랑-창조적 정의-아가페로 완성된 하나님의 언약이었다.

그러기에 이 세계와 인류는 하나님의 창조하심, 섭리와 돌보심으로 하나님의 피조물이며 하나님의 일터였다.

2장
기독교 사회 교육의 역사적 유산

I. 교회사에 나타난 유산

지난 2000년간의 사회를 장으로 하는 기독교 사회 운동 역사는 크게 4기를 거쳐 진행되었다.

1. 제1기

교회사에 나타난 기독교사회운동 제1기는 313년 로마제국의 콘스탄티누스 1세가 밀라노 칙령(Milano edict)을 선언한 때를 기점으로 한다. 밀라노 칙령은 ① 양심의 자유 허용, ② 교회의 법적 보장, ③ 유산 승계권 허용(교회 재산 보호), ④ 십자가 처형제도 폐지, ⑤ 노예의 자유권 부여, ⑥ 유아폐기금지 등을 포함하고 있었다.

로마제국이라는 거대한 정치체제 속에서 일어난 이 변화는 역사은 살아있는 장이 된다.

교실은 종합예술의 장이다. 주체로서의 학생, 산파로서의 교사, 명시적·내재적 커리큘럼이 상호작용하는 교실은 살아있는 장이 된다. 교실은 전달과 재창조를 통해 새 역사, 새 인간을 창조하는 장이 된다.

V. 결론

프린스턴대학교 역사학 교수인 해리스 하비슨(Harris Harbison)의 고백은 기독교학교의 정체성과 소명을 알리는 명언으로 유명하다.

나는 기독교 역사가이다. 그러나 나는 역사를 많이 알고, 역사를 교육하기 때문에 기독교 역사가는 아니다.
나는 하나님께서 창조하시고 지금도 운행하시는 이 역사를 경건함으로 대하고 있을 뿐이다.

사회 기독교교육론

불행히도 기독교교육학에는 '사회기독교교육론'(Christian Social Education)이라는 학명이 존재하지 않는다. 이것은 지난날 기독교교육학이 외면해 온 오류 중의 하나다.

1968년 옵살라(Uppsala)에서 열린 WCC 세계교회대회는 선교를 교회나 목회자가 시행하는 프로그램이 아니라 하나님께서 친히 주인이 되셔서, 역사를 무대로 모든 인류를 초대하시고 구원하시는 하나님의 선교(missio Dei)로 설정한 바 있었다.

교회는 하나님께서 행하시는 선교를 이 지상에서 증언하는 증인 공동체(witnessing community)로 정의하였다. missio Dei 신학은 교회 중심의 2000년 시대를 마감하고, 하나님께서 친히 행하시는 선교 시대를 여는 혁명적 계기를 마련하였다.

그 후 기독교교육은 교회교육을 시작으로 사회와 세계, 역사를 장으로 하는 교육의 지평을 열어야 하는 새로운 도전에 직면하였다.

일찍이 일반교육학은 사회교육(Social Education)이라는 학명으로 사회 교육의 깊이와 폭을 넓혀 왔다. 이름은 성인교육(Adult education), 비공식교육(non formal education), 평생교육(Life long education)으로 달리 표현했지만, 사회 교육은 좁게는 지역사회, 크게는 정치, 경제, 문화를 아우르는 사회 전반을 교육의 '장'으로 넓혀갔다.

미래 기독교교육은 사회 교육으로부터 교육의 목적, 범위, 방법을 배워야 하며 동시에 기독교 사회 교육은 일반 사회 교육과는 다른 차원에서 사회 교육에 임해야 한다.

기독교 사회교육은 현상학적 접근을 넘어 인간과 역사를 변화하는 변혁적 모티브(transformative motive)에서 문제를 풀어가야 하기 때문이다.

변혁적 모티브란

① 이 세계와 역사는 하나님께서 친히 창조하시고 다스리시는 무대이고

② 역사는 인간의 배신으로 비록 타락했으나, 예수 그리스도를 통하여 화해하신 구원의 자리이며

③ 교회는 인류와 만물을 재창조하시는 하나님의 치유하심을 증언하는 증인 공동체임을 의미한다.

1장
성서적 유산

I. 성서적 유산

고대 이스라엘은 이 우주와 이 세계를 하나님께서 창조하신 작품으로 보았다. 그리고 선조들이 경험한 출애굽사건(Exodus)을 통해 이 역사는 하나님께서 친히 다스리시고 역사하시는 무대로 보았다.

비록 인간의 배신으로 인해 타락하고 왜곡되었으나, 이 역사와 세계는 여전히 하나님의 돌보심과 구원 안에 있는 무대로 보았다. 특히 모세 5경에 나타난 시내산 언약, 십계명, 약자보호법(출애굽기), 희년(레위기), 하나님 사랑과 이웃 사랑(신명기)은 이 땅의 모든 인간은 하나님의 은혜와 돌보심으로 하나님의 백성이요 제사장 나라임을 증언하고 있다.

특히 고대 히브리 법전으로 알려진 레위기와 신명기에 나타난 평등, 자유, 빚의 탕감, 땅의 분배, 고아와 과부 돌봄, 나그네 대접,

안식년과 희년사상은 모든 인간을 향하신 하나님 사랑의 표현들이었다.

그중에서도 언약법전(Covenant code)인 출애굽기 21장 1-23절(약자보호법)에는 세 가지 정의(justice) 포함되어 있었다.

처음 정의는 인권 정의(attributive justice)였다.

하나님의 형상으로 지음받은 인간은 지위고하를 막론하고 누구나 하나님 앞에서 동등하다는 신앙고백이었다.

두 번째 정의는 분배 정의(distributive justice)였다.

땅의 분배, 땅의 안식, 희년(Year of Jubilee)은 모두 땅은 하나님께 속한 것, 그러기에 인간은 누구도 땅을 영원히 소유할 수 없으며, 인간은 하나님의 땅을 지키는 청지기라는 의미를 담고 있었다.

세 번째는 법치 정의(retributive justice)였다.

죄를 범한 자에게 가해지는 징벌은 공정하고 엄격해야 했다. 그러므로 정의 사회는 이 세 가지(인권·분배·법치)정의가 온전히 구현되는 사회이다.

그러나 틸리히 교수는 세 차원의 정의를 넘어 모든 정의를 아우르고 완성하는 제4차원의 정의가 존재한다고 했다.

틸리히 교수는 이를 제4차원의 정의라고 불렀으며, 4차원적 정의는 창조적 정의(creative justice)였다.[1]

창조적 정의는 세 가지 정의로 해결하지 못하는 영역에 하나님께

---

1 Paul Tillich, *Op. cit.*, 64.

서 펼치시는 사랑의 정의, 창조적 정의이다. 아가페로 표현되는 하나님의 창조적 정의는 인권·분배·법치 정의를 완성하는 하나님의 정의이다. 예를 들어, 모세오경에 여러 차례 명하신 도피성은 3차원의 정의로 해결하지 못하는 영역에 아가페를 실현하시는 하나님의 창조적 정의의 모형이었다.

그리고 이사야 53장은 하나님의 창조적 정의를 고난받는 종으로 묘사했으며, 요한복음 기자는 하나님의 사랑을 '세상 죄를 지고 가는 하나님의 어린 양'(요 1:29)으로 고백하였다.

창조적 정의는 예수 그리스도의 공생애 사역을 통해 온전히 구현되었다. 가난한 자, 눈먼 자를 품으셨던 예수는 인권, 분배, 법치 정의를 넘어선 하나님 사랑의 구현이었으며, 그의 십자가 죽으심과 부활하심은 하나님의 사랑, 아가페의 완성이었다.

예수의 부활하심에서 시작된 초대교회는 주인과 종, 나그네가 함께 나눈 공동식사를 통해 형제애 코이노니아를 나눴으며, 서로가 재산을 서로 통용하고, 고아와 과부를 돌보는 섬김 디아코니아를 통해 이 땅에 하나님의 창조적 정의와 사랑을 구현하였다.

구약과 신약은 인권 정의, 분배 정의, 징벌 정의를 담은 경전이며 동시에 하나님의 사랑-창조적 정의-아가페로 완성된 하나님의 언약이었다.

그러기에 이 세계와 인류는 하나님의 창조하심, 섭리와 돌보심으로 하나님의 피조물이며 하나님의 일터였다.

2장
기독교 사회 교육의 역사적 유산

I. 교회사에 나타난 유산

지난 2000년간의 사회를 장으로 하는 기독교 사회 운동 역사는 크게 4기를 거쳐 진행되었다.

1. 제1기

교회사에 나타난 기독교사회운동 제1기는 313년 로마제국의 콘스탄티누스 1세가 밀라노 칙령(Milano edict)을 선언한 때를 기점으로 한다. 밀라노 칙령은 ① 양심의 자유 허용, ② 교회의 법적 보장, ③ 유산 승계권 허용(교회 재산 보호), ④ 십자가 처형제도 폐지, ⑤ 노예의 자유권 부여, ⑥ 유아폐기금지 등을 포함하고 있었다.

로마제국이라는 거대한 정치체제 속에서 일어난 이 변화는 역사상 최초로 인권 정의와 분배 정의를 실현한 일대 변화였으며, 특히 제국주의의 상징이었던 노예들을 자유인으로 풀어 하나의 인간으로 대우하는 인권 보장은 가히 혁명적이었다.

이 흐름과 함께 초기 로마교회는 사회봉사 정책을 과감히 수행하였다. ① 병원 설립, ② 고아원 설립, ③ 자선단체 설립, ④ 양로원 설립 등. 특히 로마교회는 과부와 길거리 여인 천오백 명을 돌보고, 안디옥교회는 가난한 사람 3천 명을 돌보았다.

초기 로마교회가 보여준 사회적 관심과 복지정책은 당시 절대 봉건사회 속에 던진 하나의 혁명적 사건이었으며, 이것은 기독교 사회복지의 중요한 기점이 되고 유산이 되었다.[2]

그러나 여기에는 비판도 뒤따랐다. 이 모든 자선사업은 당시 감독 중심으로 교회를 교권화해가는 과정을 합리화하는 수단으로 이용했다는 비판이다. 자선 사업들은 교회의 존재론적 표현이 아니라, 교권화, 교회 확장을 합리화하는 수단이었다는 비판이다.

그럼에도 불구하고 이 유산은 후대 기독교사회사업과 기독교사회교육의 기초를 놓은 업적으로 남는다.

2. 제2기

기독교사회운동의 역사 두 번째는 중세 로마가톨릭교회가 실시

---

2 Haskell M. Miller, *Compassion and Community*(New York: Association Press, 1961), 31.

한 구호사업이었다. 중세로마교회의 사회운동은 초기와는 달리 기구를 만들어 구호사업을 수행하는 전략으로 선회하였다. ① 가난한 자를 위한 공동 삶의 형제단(Brethren of the Common Life) 창설, ② 창녀구출 및 돌봄(성 마리아회), ③ 나환자 돌봄(Crucigeri), ④ 십자군 전쟁의 부상자, 포로 돌봄 등이었다.

그러나 문제는 교황의 절대 권위, 성직자와 평신도의 계급화로 선회하면서 중세 로마 교회는 초대교회의 신자 모두가 참여했던 코이노니아와 섬김은 포기하고, 프로그램으로 전환한 데 있었다. 조직을 만들어 조직이 기독교사회운동을 대행하는 정책으로 선회한 것이다.

이때 로마교회의 제도주의와 형식주의에 반기를 든 사람들이 등장하였다. 한 사람은 사도적 가난(apostolic poverty)을 선언하고 스스로 가난을 선택한 거부 발도(Petert Waldo)였으며, 다른 사람은 성 프란치스코(St. Francisco)였다.

이들은 비대해진 로마교황청과 로마교회를 변화시키지는 못했지만, 하나님의 부르심 앞에서 모든 것을 포기하고 가난을 선택하고 가난한 자들과 함께 삶을 살고 간 순례자의 모습을 보여주었던 선구자들이었다.

3. 제3기

기독교사회운동의 세 번째 단계는 루터에게서 시작하여 웨슬리에게로 이어진 개신교 사회운동이었다.

루터는 이중전략으로 사회운동을 전개하였다. 전략 하나는 로마 가톨릭 국가로부터 개신교 국가로 전향한 국가의 왕이나 성(城)의 영주들을 설득하여 나라가 주도하는 사회사업을 추진하도록 촉구하는 정책이었다.

다른 하나의 정책은 교회 교구마다 금고를 설치하여 가난한 사람들에게 돈, 음식, 의류를 제공하는 사역이었다. 모금, 음식, 의류는 신자들의 자발적인 헌금과 헌납에 의존하였다. 이때부터 이를 자원주의(voluntarism)라고 불렀다.

2020년 세계를 휩쓴 코로나19 바이러스로 실직하거나 가난해진 미국 흑인들 그리고 가난한 백인들을 위해 미국 교회가 실시하는 음식과 옷 사역(Food pantry ministry & clothing ministry)은 500년 전 루터의 common chest와 닮은꼴이었다.

그러나 영국 감리교 창시자인 웨슬리는 루터와는 달리 사회사업을 국가에 의존하는 대신 감리교 집단(Methodist Society)이라는 조직을 만들어 가난한 사람들을 직접 섬기는 사회사업을 전개하였다. 기금대여, 무료진료, 독서실, 무료합숙, 외국인 모임 등이었다.

그리고 웨슬리는 영국의 도덕 순화, 사형법 폐지, 노예제도 폐지, 건전한 노동운동, 대중교육 등 사회정의 구현에 더욱 헌신하였다. 그러기에 웨슬리는 정책 수립과 프로그램의 양면을 통해 암울해진 영국을 다시 살리는 사회개혁에 헌신하였다.

웨슬리의 기독교사회운동은 후일 세계 감리교회의 선교정책과 사회운동에 사상적 근간을 제공하였다.

4. 제4기

기독교사회운동의 네 번째 단계는 영국을 중심으로 발현된 자선학교(Charity School) 운동이었으며, 여기서 기독교사회교육의 씨앗은 크게 확산되었다. 자선 학교 운동은 루터의 폴크스슐레(Volks-schule)와 독일 김나지움(Gymnasium)으로부터 영감을 받았으나 보다 결정적인 동기는 영국 어린이들이 당하는 노동착취 현장이었다.

child labor로 불린 아동 노동은 5살에서 6살 어린이들을 노동자로 고용해 하루 15시간 중노동을 시키는 처참한 현장이었다. 거기에다 학대와 저임금은 어린이들을 범죄, 자살로 몰아넣고 있었다.

이 장면을 목격한 사람은 한 회사의 사장. 오웬(Robert Owen)이었다. 오웬은 이 아이들을 도울 수 있는 길이 무엇인가를 고민하였다. 그의 고민은 춤과 놀이 그리고 자율학습을 통해 어린이들에게 삶의 기쁨을 주는 유아 학교(Infant School) 설립으로 구현되었다. 유아 학교에 이어 벨(Andrew Bell)과 랭커스터(Joseph Lancaster)는 근로 청소년을 위한 조교학교(Monitorial School)를 창안하였다.

조교학교는 한 교사가 몇 명의 우수한 학생들을 준교사로 훈련시킨 후, 훈련받은 학생들이 나머지 학생들을 가르치는 '릴레이'식 교육이었다. 이 방법은 부족한 수의 교사와 학생들의 능력차 문제를 해결하고 모두가 참여하는 공동체 창조로 나타났다.

조교학교는 주일학교 설립과 교육 방법에도 큰 영향을 주었으며, 초기 주일학교의 교육 방법으로 수용되었다.

그리고 1844년 어느 날 12명의 런던시 포목상들은 성 바울교회 뜰에 모여 긴 토론 끝에 한 결론에 이르렀다. 합의된 결론은 자신들의 포목상점에서 성경 공부 모임, 기도 모임, 종교강연 모임을 정기적으로 개최하고, 출판사업, 도서관을 통해 기독교 시민운동을 펼치는 운동이었다. 이것이 YMCA운동의 시초가 되었다.

1855년 8월 22일 YMCA 설립총회를 성사시키고, 파리 기준을 근간으로 하는 세계 YMCA을 출범시켰다. YMCA운동은 기독교사회운동이었으며, 기독교 사회건설을 목표로 하는 사회기독교교육운동이었다. 성서 연구와 예배에서 시작하여 가정, 학교, 인종차별 극복, 놀이와 스포츠문화를 통한 시민사회 건설을 목표로 하는 운동이었다. YMCA운동은 기독교 평신도운동과 교회연합운동의 기초를 놓았으며, YWCA운동(여성)을 일으킨 동기가 되었다.

1894년 발족한 YWCA는 YMCA의 후속이면서도 기독교신앙교육운동보다는 여성 평등, 여성 평신도운동에 역점을 두고 전개하였다. 이를 위해 YWCA는 기초교육, 직업교육, 성인교육을 실시하였으며, 도시개혁, 청소년 범죄예방, 노인 고독 문제, 인종차별 극복 등 사회개혁에 헌신하였다.

이렇듯 18세기, 19세기 영국을 중심으로 일어난 기독교사회운동과 사회사업은 전 세계를 하나의 지구촌으로 묶는 초석을 놓았으며, 인간을 비인간화하는 노동과 착취로부터 자유롭게 하는 인간해방과 기독교 사회선교의 기초를 놓았다.

여기서 세계선교가 태동되고, 교회일치운동이 시작되었으며, 주일학교의 세계화가 촉진되었다.

II. 한국적 유산

한국 사회기독교교육은 19세기 말 이 민족이 직면했던 국내외 위기 상황과 깊은 연관 속에서 태동하였다.

일본 제국주의자들의 침략, 나라가 뿌리째 흔들리는 위기, 이 세계 누구도 도와주지 않는 고립은 역으로 이 땅의 민족지도자들을 일깨운 계기가 되었으며, 민족교육으로, 기독교사회교육으로 나라와 민족을 구원하는 운동으로 확산되었다.

1. 첫 번째 유형

첫 번째 유형은 민족 구국운동으로서의 기독교학교 운동이었다.

1910년 강압적으로 체결된 경술국치는 한국의 '개화당'과 '독립협회'의 결성을 촉진하고, 대한자강회, 대한협회, 서우학회, 서북학회 건설을 통해 민족 구국운동으로 확산되었다.

이때 기독교 지도자들은 기독교학교 설립을 통해 민족 구국운동에 동참하는 큰 모험을 걸었다. 1910년을 기점으로 기독교학교는 배재, 이화, 경신, 정신 외 796교에 이르고, 이들 기독교학교들은 기독교교육을 통해 민족 구국운동을 전개하였다.[3]

2. 두 번째 유형

두 번째 유형은 기독교 사회운동이었다.

초기 조선 YMCA 운동은 소외계층의 젊은이들 교육을 통해 건전한 시민으로 세우고, 국가의 역량을 키우는 기독교 사회운동이었다.

무산 아동교육, 노동자교육, 야학을 통한 문맹 퇴치, 목공술, 철공술, 인쇄술, 사진 기술 교육을 통해 사회 시민을 키우고 그들을 통한 사회력을 결집하는 데 집중하였다.

다른 한편 1923년 김활란 박사(이화여자대학교 총장), 김필례, 유옥경이 설립한 조선YWCA는 사회 교육보다는 사회개혁에 역점을 두고 여러 가지 활동을 전개하였다. 금주운동, 공창 폐지, 국산품 장려, 생활개선 운동을 통해 이 땅을 부패시켜 온 타락의 뿌리를 제거하는 사회개혁운동을 전개하였다. 개혁 운동은 농민교육, 야학, 성경과 찬송가를 통한 문맹 퇴치, 부녀자 교육 등을 통해 전개하였으며, 특히 소외계층의 여성들을 의식화하는 작업으로 이어졌다.

이 당시 YMCA와 YWCA가 펼친 사회개혁·사회 교육은 희망을 포기한 이 민족과 저소득층 속에 민족의 얼과 내일을 창조하는 용기

---

3 노영택, "일제하 민중 교육 운동사"(탐구사, 1979), 20.

와 가능성을 심어준 등대 같은 것이었다.

이 모든 운동은 기독교사회교육이 무엇인가를 보여준 실증(實證)이었으며, 사회를 장으로 하는 기독교교육의 가능성을 열어 놓은 기저가 되었다.

3. 세 번째 유형

세 번째 유형은 한국교회가 실시한 사회 교육이었다. 통일된 교육정책이나 교육내용은 없었으나 한국교회는 다양한 포맷과 프로그램으로 인간 변화와 사회개혁에 헌신하였다.

야학을 통한 문맹 퇴치, 강습회를 통한 민족 의식화, 1923년 8월 황해도 연백군 송봉면 청송리에 문을 연 최초의 개량 서당을 시작으로 1925년 평북 벽동군에는 40여 개의 개량 서당이 설립되고, 이어 전국으로 확산된 개량 서당은 민중 의식, 민중 실력향상을 드높인 선구자적 운동들이었다.[4]

그리고 1945년 해방 이후에는 장로교가 실시한 독서클럽를 통한 문맹 퇴치와 감리교회가 세운 웨슬리 클럽(Wesley Club)를 통한 문맹 퇴치와 민중운동이 활발히 진행되었다.

이어 1970년대 산업화과정에서 소외되었던 근로 청소년과 청년들을 위한 야학 운동은 정동교회가 시도한 '배움의 집'을 위시하여 수많은

---

4 *Ibid.*, 50.

교회가 동참하면서 근로 청소년들의 학력 향상(고교 검정고시) 운동으로 확산되었다.

그리고 '하기아동성경학교'는 교회가 실시한 또 하나의 사회 교육의 장이었다. 1922년 서울 정동제일교회에서 100명의 학생으로 시작한 '하기아동성경학교'는 10년 뒤, 1932년에는 전국적으로 70만 명의 어린이가 참여한 민족교육운동으로 확산되었다.

하기아동성경학교는 축제 프로그램을 통해 당시 민족이 겪고 있는 정치적 억압과 경제난을 승화하는 매개를 만들었으며, 성경 공부는 어린이들의 영적 변화와 문맹 퇴치를 수반하는 통로가 되었다.[5]

4. 네 번째 유형

네 번째 유형은 사회사업기관이 실시한 교육운동이었다. 1920년 윤치호 선생이 창설한 '경성 고아 구제회'가 기초가 되어 출현한 고아원이 사회교육의 장이 되었다.

고아원은 한국전쟁이 끝난 1953년에는 440개소로, 1961년에는 550개소로 늘어났으며, 전쟁고아 53,964명의 생명과 안전을 보전하고 양육하고 성장시킨 '고향집'이었다.

생명 보전이라는 가장 소중한 가치 위에 부모 역할, 형제애, 공동생활, 신앙 양육을 겸한 고아원은 많은 부정적 시각에도 불구하고 전후

---

5 *Ibid.*, 105.

한국을 구원한 기독교 사회운동이었으며, 기독교사회교육의 장이었다.

그러나 1970년을 전후로 사회복지론이 등장하면서 고아원은 서서히 역사의 뒤안길로 사라졌지만, 고아원이 남긴 업적은 공정한 평가를 받아야 한다.

고아원에 이어 기독교사회사업기관이 실시한 사회 교육은 CO로 불리는 community organization의 사회교육이었다. 1921년 처음으로 문을 연 '기독교 태화관'은 건물을 중심으로 펼친 최초의 기독교 '사회 교육' 현장이었다.

태화관은 여성의 지위 향상, 여성의 자질개선, 지도력 개발, 모자보건에 치중하였으며, 이는 당시 가부장적 문화에 대한 큰 도전이었다. CO는 함경남도 원산, 강원도 원주, 인천, 대전, 부산, 공주로 확산되었으며, 1970년 초반까지 활발한 활동을 펼쳤다.

그러나 다가오는 위기를 예측하지 못한 전략적 실패는 CO를 점차 축소시켰으며, 1970년대에 시작된 사회변화, 특히 세속도시의 등장과 함께 시작된 급격한 사회 인구이동은 CO를 공동화(空洞化)시킨 결과를 낳았다.

3장
기독교 사회 교육의 신학적 논거

I. 성서적 유산

성경은 하나님의 창조하심과 인간의 끝없는 저항이 맞서서 진행된 역사를 증언하고 있다. 특히 타락한 왕, 타락한 권력, 타락한 사회 이야기가 주를 이루고 있다. 이집트 파라오들에게서 시작하여 이스라엘의 왕들, 사울, 솔로몬, 남북 왕조 왕들, 바빌론의 느부갓네살, 로마의 네로와 도미티아누스 황제는 밖으로 드러난 인물들이었다. 그때마다 백성들은 하나님 앞에 아픔을 부르짖었고, 부르짖음을 들으신 하나님은 예언자들을 불러 하나님의 심판을 선언하게 하시고 회개를 촉구하게 하셨다.

사울 앞에 섰던 사무엘을 시작으로 나단, 엘리야, 엘리사, 이사야, 예레미야, 에스겔, 수많은 예언자는 하나 같이 생명을 걸고 하나님의 말씀을 선포하였다. 그러나 그들의 외침은 성전이나 회당이 아니었다. 역사의 중심, 삶의 한복판, 압제와 저항이 교차하는 삶의 현장이 그들의 자리였다. 그들은 '사회'를 장으로 하는 말씀의 선포와 회개를 촉구하는 하나님의 종들이었다.

II. 세속도시의 등장

그러나 20세기 중엽 독일 순교신학자 본회퍼(Dietrich Bon hoeffer)가 예고한 성숙한 시대(탈 종교적, 기독교적 시대)는 거대한 세속도시라는 옷을 입고 이 지구촌을 뒤덮기 시작했다.

이 세속도시의 정체를 정확히 읽고 그 미래를 예언한 사람은 하버드대학교 신학대학원의 콕스(Harvey Cox) 교수였다. 그의 명저, *The Secular City*6는 거대한 사회변혁의 도래를 예고하고 있었다.

이동성과 익명성으로 무장한 세속도시는 도시와 사람을 비인격적, 비인간적, 객체로 만들고, 도시는 인간을 경쟁과 투쟁의 장으로 만들어 버렸다.

이 틈새에 낀 조직 중 하나는 교회였다.

세속도시의 등장은 시골로부터 젊은이들을 끌어들이면서 농촌과 농촌교회를 공동화시키고, 도시교회는 얼굴 없는 암호(faceless ciper)를 살아가는 하나의 집단으로 몰고 갔다. 긴긴 세월 기독교가

---

6 Harver Cox, *The Secular City*(New York: The MacMillan Co., 1965).

쌓아 올린 지난날의 업적과 유산은 한순간에 고물이 되고, 무의미한 유물로 전락시켰다. 그리고 교회가 무엇을 하던, 세속도시는 관심조차 보이지 않는 이방 지대로 내몰림을 받았다.

여기서 어떻게 기독교사회교육이 가능하며, 가능하다면 무슨 의미인가? 이 물음 앞에 기독교교육은 무엇으로 응답할 것인가? 이 물음이 오늘 교회와 기독교교육이 직면한 가장 큰 쟁점이고 과제이다.

III. 그리스도와 문화에서 풀어보는 미래

오늘의 문제는 세속도시와 세속인에게 "교회가 무엇이고, 교회가 무엇을 할 수 있는가?"라는 논제는 이미 의미 없는 레토릭(rhetoric)이 되었다. 오늘 세속도시와 세속인은 교회를 향해 무엇을 요구하지도, 무엇을 필요로 하지도 않는다.

여기서 "교회는 잠시 숨을 거두고, 교회가 무엇이고, 교회가 세계와의 관계를 어떻게 재정립할 것인가?"부터 다시 시작해야 한다.

그것은 그리스도와 세계의 관계를 어떻게 재정립할 것인가? 하는 신학화(theologizing) 작업에서 시작된다. 이 관계 설정의 신학화 작업은 어떤 프로그램이나 프로젝트보다 선행되어야 한다.

지금은 고전이 되었지만, 여전히 강력한 임팩트를 지닌『기독교와 문화』[7]는 예일대학교 신학대학원 교수였던 니부어(H. Richard

Niebuhr) 박사가 남긴 명저이다. 이 책은 지난 2000년의 교회와 세계의 관계를 가장 명확하게 분석한 책으로 평가를 받아왔다.

처음 유형은 문화 위에 군림하는 그리스도(Christ above culture)였다.

중세 로마가톨릭교회의 교황 절대주의 정책과 포교, 서구 개신교의 전투적 선교방식이 여기에 속한다.

세상은 타락한 영역, 심판과 회심의 자리, 여기서 교회는 주도권을 가지고 세상을 정복하고 통치해야 하는 영역으로 해석하였다.

두 번째 유형은 문화를 배격하는 그리스도(Christ against culture)였다.

로마가톨릭교회와 주류개신교회(루터와 칼뱅)까지 비판하고 나선 재침례파교회(Ana-Baptist church)와 후속인 메노나이트(Menno- nite) 교회들이 여기에 속한다.

인간과 역사, 세계 모두를 저주와 심판의 자리로 규정하고, 교회를 노아의 방주로 해석한 종파 신학은 말씀이 육신이 되어 우리 가운데 거하신 그리스도, 가난한 자를 품으셨던 예수의 지상 사역, 심지어 십자가의 구속적 의미마저 무의미한 사건으로 만들었다.

이들은 교회를 역사 도피적, 탈 역사적, 탈 문화적 집단으로 만들

---

7 H. Richard Niebuhr, *Christ and culture*(New York: Harper & Brothers, 1951).

었으며, 역사에 대한 책임을 외면하였다.

세 번째 유형은 문화 속에 매몰된 그리스도(Christ of culture)였다.

인간의 무한한 능력과 역사의 진화를 주제로 들고나온 자유주의 신학(Liberal Theology)과 그 후예인 사회복음운동, 해방신학, 민중신학이 여기에 속한다. 이 그룹은 그리스도 대신 인간이 역사의 주인이 되어 세계와 역사를 변혁한다고 믿었고 그렇게 행동했다.

뉴욕시의 라우션부시(Walter Rauschenbush), 남미의 해방신학운동, 1970년대 한국의 민중신학이 여기에 속한다. 과감한 정부 비판에서 시작하여 인권운동, 노동운동을 들고나온 민중 신학은 문제를 쟁점화하는 데까지는 성공했으나, 종국에는 자기 자신들의 정치 권력화로 막을 내렸다.

네 번째 유형은 역설적 관계에 있는 그리스도와 문화(Christ and culture in paradox)였다.

하나님 나라와 지상 나라로 구분한 루터는 하나님 나라의 구현인 교회와 지상 나라의 표상인 국가와의 관계를 긴장과 협력이라는 역설적 관계로 묘사했다. 하나님 나라와 지상 나라, 교회와 국가는 군림(above)도, 단절(against)도, 흡수(of)도 아니라는 점에서는 공헌을 남겼다.

그러나 역설적 관계는 교회와 세계를 이원론의 선상에 두고 서로를 간섭하지 않는 '무간섭주의'로 끝냈다는 비판을 받아왔다.

다섯 번째 유형은 문화 변혁자로서의 그리스도(Christ, the Transformer of culture)였다.

하나님의 창조인 인류 역사와 예수 그리스도의 주(主) 되심을 강조하는 이 유형은 성 아우구스티누스(St. Augustine), 칼뱅(John Calvin), 바르트(Karl Barth), 몰트만(Jurgen Moltmann)으로 이어져 내려왔다. 이 계보는 WCC의 하나님 선교(missio Dei) 신학을 통해 20세기 세계기독교의 신학적 화두를 던졌다.

이 유형은 ① 하나님의 주권적 통치하심, ② 구원의 무대로서의 역사, ③ 증인으로서의 교회라는 신학적 구조를 담고 있다.

이 신학적 구도는 교회가 세상 위(above)에 있는 것도, 세상과 등지는 것(against)도, 세상에 흡수된(of) 것도, 세상과 평행선을 달리는(paradox) 것도 아니다. 이 세계는 인간과 우주를 창조하시고 지금도 친히 경륜하시며 온 우주를 지금도 손안에 두시고 친히 통치하시고 역사하시는 하나님의 무대로 보았다.

교회는 그리스도 안에서 이 역사를 변혁해가시는 하나님의 통치하심을 분별하고, 이 땅에서 하나님 나라를 증언하는 증인 공동체로 정의한다. 정치 · 경제 · 사회 · 학교 · 가정 모든 영역은 하나님께서 친히 역사하시는 영역이며, 교회와 그리스도인은 이 모든 영역에서 하나님의 나라와 예수 그리스도를 증거하는 증언자로 부름을 받았다.

바로 이 유형은 기독교사회교육의 가능성을 열어주는 성서·신학적 근거로 평가받는다.

4장
사회를 장(場)으로 하는 기독교 사회 교육
— 전략적 제언

1948년 세계교회협의회 산하 '교회와사회부' 총무로, 세계교회를 섬겼던 아브레흐트(Paul Abrecht)는 "오늘 기독교가 사회를 위해 무엇을 봉사할 것인가?"라는 사회사업(social work) 시대는 지나갔다고 했다.

그 대신 교회는 오늘 파도처럼 밀려오는 사회변동과 그 의미를 정확히 읽고, 그 속에서 형성되는 현대인의 삶의 문제를 예리하게 파악하고, 거기에 대응하는 사역을 새로이 설정하고 설계해야 한다고 피력했다.[8]

지난날 교회가 펼친 고아원, 양로원, 직업교육, 건물 중심의

---

8 Paul Abrecht, *The Churches and Rapid Social Change*(New York: Doubleday and Co., 1961), 84-85.

CO(community organization) 프로그램은 오늘날 계속 이동하는 현대인, 그 속에서 자신의 정체는 감추고 암호(ciper)로 살아가는 익명의 현대인에게는 의미가 없어졌다는 것이다.

그런데도 오늘 사회를 장으로 하는 기독교사회교육은 가능한가? 다음은 전문가들이 내놓는 가능성이다.

I. 지역 섬김

사회를 장으로 하는 기독교사회교육은 교회가 일방적으로 프로그램을 만들어 사회에 풀어 놓는 나열식 프로젝트에서 출발하지 않는다. 교회는 교회가 자리하고 있는 지역의 역사, 지역의 문제, 지역의 잠재력을 발굴하는 조사 방법에서 출발한다. 그리고 조사를 근거로 전략을 수립하는 과정이 순서라고 제안한다.

조사 방법은 다음 순서로 진행한다.

1. 전략 1: 사회조사(social survey)

종교사회학자인 세이퍼트(Harvey Seifert)는 기독교 사회 사역의 전략 1위를 사회조사에 두었다. 그리고 사회조사는 다음 순서로 진행할 것을 주문했다(주 9).

① 조사연구팀 구성

② 조사 대상 선정(지역, 계층)

③ 조사 방법(질문, 관찰, 면담, 통계를 통한 팩트[fact] 수집)

④ 수집된 자료 분석 및 해석

⑤ 종합보고서(문제와 가능성)

2. 전략 2: 기획(Planning)

① 기획위원회 구성

② 수집한 자료 분석

③ 문제와 잠재력 발굴

④ 사업 결정(봉사, 교육, 선교)

⑤ 사업의 목표설정 및 정책설정

⑥ 전 회중 앞에 프레젠테이션(presentation)

3. 전략 3: 전문 사업팀 구성 및 실시

① 사업팀 구성

② 사업 실시9

③ 평가

여기에는 사회봉사, 독서실 운영, 커피 미니스트리(coffee minis-try), 무료 급식, 마을 목회 등 다양한 형식이 포함된다. 중요한 것은

---

9 Harvey Seifert, *The Church in Community Action*(New York: Abingdon Press, 1952), 5-58.

타 교회의 모방이 아니라, 각 교회가 위치한 지역의 요구와 기독교적 응답이 만나는 영역을 찾아내고 그것을 사역으로 정책화하고 수시로 점검하여 궤도수정도 과감히 시행하는 것을 의미한다.

II. 정의사회 구현

사회를 장으로 하는 교회사역과 기독교사회교육은 지역 섬김과 함께 이 땅에 사회정의를 구현하는 사회변화를 모색한다. 사회정의는 고도의 전문성과 교단 및 교단 연합 차원의 정책을 통해 구현되어야 하는 큰 단위이기에 보다 섬세하고 책임 있는 연구와 정책이 우선한다.

인권정의(Attributive Justice) 사역
① 탈북 가족 사역
② 다문화 가족 사역
③ 독거노인 사역
④ 소외계층의 인권을 높이는 사역

분배 정의(分配正意, Distributive Justice) 사역
① 노숙자(homeless people) 사역
② 마을금고

③ Food Pantry(무료 식품 은행)

④ Clothing ministry(무료의류 창고)

⑤ 독서실 개방

인권과 분배, 정의 사역은 하나님 사랑의 표현이어야 하며, 한 사람 한 사람의 기본권과 사회화를 도와주는 사역이 되어야 한다. 이 사역은 앞서 논의한 '평신도 사역'과의 깊은 연관 속에서 추진될 수 있다.

III. 세계선교 사역

끝으로 사회를 장으로 하는 기독교사회교육은 세계선교를 주제로 한다. 19세기 미국 교회가 발현한 세계선교는 많은 실패를 거듭하면서 20세기 에큐메니즘(ecumenism)이라는 거대한 기적을 창출해 냈다. 특히 1948년 창설된 세계교회협의회와 1968년에 선언한 하나님 선교(missio Dei) 신학은 2000년의 기독교 역사를 '교회 중심'으로부터 '하나님 중심'으로 바꿔놓은 일대 전환이었다.

그러나 불행히도 구미교회는 '교회 죽음'이라는 늪을 지나면서 선교의 주도권을 한국교회에 넘겨주었다. 오늘 한국교회는 21세기를 주도할 '태양'으로 추앙을 받고 있다. 오늘도 세계 열방에서 활약하는 선교사들의 눈물 나는 헌신은 감동을 넘어 영감으로까지 다가

온다.

그러나 문제는 모 교회인 이곳 한국교회는 선교 신학의 부재, 선교 정책의 빈곤, 교회들 간의 경쟁 그리고 교회 확장 주의가 장애물로 작용하고 있다.

여기에 한 가지 제언으로 글을 마감하고자 한다.

미래 선교는 요새 유행하는 선교적 교회(missional church)를 넘어 하나님이 주체가 되는 미시오 데이(missio Dei) 신학에서 출발해야 한다.

하나님의 선교는 선교사가 선교지에서 무엇을 하기 전에, 이미 현지의 역사, 지역의 아픔, 가능성을 안고 역사하시는 하나님의 선교를 먼저 찾아내는 데서 시작한다.

선교사는 선교지에서 이미 역사하시는 하나님의 선교를 찾은 후, 하나님께서 역사하시는 통로를 마련한다. 이것은 선교정책, 선교전략, 회중의 '선교 의식화'를 통해 이루어간다.

결론 한마디

오케스트라는 3차원이 합동하여 음악을 창출한다고 한다.

처음 차원은 곡(曲)이고, 두 번째는 연주자들이고, 세 번째는 지휘자이다. 이 셋이 만들어내는 것이 심포니(symphony)이다.

그러나 만일 긴 연습을 거쳐 높은 수준의 음악을 준비한 오케스트라고 할지라도 관중과 마주하는 무대가 없다면, 준비한 음악은 아무런 가치도 존재 의미도 상실한다.

이 비유는 오늘 한국 기독교교육을 두고 던진 풍자이다.

오늘 한국교회에는 좋은 교재, 피교육자인 학생 · 성도, 훈련된 교사 · 목사가 존재한다. 그런데 왜 기독교교육이 연주를 못 하는 것일까?

연주할 무대가 사라져 가고 있기 때문이다. 장, 무대, 판이 깨져가고 있기 때문이다. 우리의 가정, 교회, 학교, 사회가 무대 되기를 포기하고 있기 때문이다.

이것은 가정, 교회, 학교, 사회가 사라졌다는 의미가 아니다. 가정, 교회, 학교, 사회 속에 하나님과 사람 사이, 사람과 사람 사이에 오고 가야 하는 상호교류, 응답, 변화가 일어나는 '판'이 깨졌다는 의미이다.

기독교교육 현장론을 마무리하면서 기독교교육의 미래는 우리의 교회, 우리의 가정, 우리의 학교, 우리의 사회를 하나님께서 임재하시고 우리를 부르시는 자리로, 그곳에서 하나님의 부르심 앞에 응답하고, 우리와 우리 사이에는 상호교류가 일어나는 '판'을 되살리는 데 있다.

바로 그곳에서 우리는 하나님을 만나고 하나님을 노래하고, 너와 내가 함께 춤을 추는 '판'을 창조하는 그때, 지금 잠겨있는 한국교회의 모든 잠재력과 가능성은 생명력을 다시 찾게 될 것이다.

참고문헌

I. 국내 도서

김두헌.『한국가족제도연구』. 서울대학교 출판부, 1983(3판).

김득용.『주교 교육학』. 정음출판사, 1982

김영호.『교회교육방법론』. 종로서적출판주식회사, 1985.

노영택.『일제하 민중교육사』. 탐구당, 1979.

대한기독교교육협회.『한국기독교교육사』. 한밤의 소리사, 1974.

대한YMCA연맹.『한국의 젊은이, 그들은 누구인가?』. 시사문화사, 1979.

_____.『한국 YMCA의 이념 추구』. 1984.

민경배.『한국기독교회사』. 대한기독교출판사, 1982.

심일섭.『한국민족운동과 기독교수용사소고』. 1982.

생명의 전화.『도움은 전화처럼 가까운 곳에』. 합동기획, 1981.

엄요섭.『한국기독교교육사소고』. 대한기독교교육협회, 1959.

오인탁·은준관·정웅섭·고용수·김재은 편저.『기독교교육론』. 대한기독교교육협회, 1984.

오천석.『한국신교육사』. 현대교육총서출판사, 1964.

은준관.『교육신학』. 대한기독교서회, 1976.

_____.『교회교육연구실험교육』. 감리교신학대학교 기독교교육연구소, 1975.

_____.『교회, 선교, 교육』. 전망사, 1982.

_____.『감리교계통 중·고등학교 교육연구 결과보고서』, 기독교대한감리회 교육국, 1972.

_____.『교회 교육연구 실험 교육 종합보고서』. 감리교신학대학 기독교교육연구소, 1975.

_____.『인간창조의 마지막 불꽃』. 교육목회, 2017.

_____ 외 3인.『어떻게?』. 성광문화사, 1976.

_____ 주선애 · 손승희 공저.『교회학교 교사』. 기독교 문화진흥원, 1982.

이규용.『기독교교육 약사』. 대한예수교장로회총회 교육부, 1978.

이덕주.『새로운 교육의 형태를 찾아서』. 종로서적출판주식회사, 1985.

이만열.『종교교육투쟁』. 민족운동총서 편찬위원회편, 1980.

이성삼.『한국감리교회사』중. 대한기독교감리회, 1980.

임면철.『민중 속의 성직자들』. 동광출판사, 1984.

이태영.『한국의 이혼률 연구』. 한국가정법률상담소. 1981.

이화여자대학교 사회교육위원회.『농촌사회교육의 이론, 실제 및 평가』.

정웅섭 · 오인탁 · 정우현.『한국 교회학교교육 실태조사』. 한국기독교교육연구원, 1980.

한국기독교 사회문제연구원.『교육과 사회』.

한국교육사연구회.『한국교육사』.

한국교육자선교회.『운영요강』. 정민사, 1980.

한영춘.『한국 가정 병태와 청소년 문제』. 대광인쇄소, 1979.

황종건.『한국의 사회교육』. 교육과학사, 1980.

II. 국내 논문

고용수. "교회교육의 신학적기초."「기독교사상」1985년 7월호.

_____. "2000년대를 지향하는 기독교교육."「2세기를 지향하는 한국교회상의 모델」, 용산교회, 1985.

김주숙. "사회변화와 가족형태."「기독교사상」1985년 5월호.

문동환. "한국의 교회 교육사."『한국기독교교육사』. 대한기독교교육협회, 1974.

문인숙. "기독교사회교육사."『한국기독교교육사』. 대한기독교교육협회, 1974.

민영진. "우리 나라 교회에서 실시하는 평신도를 위한 성서연구의 이론과 실제."「신학과 세계」, 1982.

박영신. "주일학교운동의 사회학적의미."『주일학교 200년의 의미』. 기독교 선교교육원, 1981

손인수, "삼국시대와 교육." 한국교육사연구회 편.『한국교육사』. 교육출판사, 1981.

은준관. "교회와 국가의 분리론에서 본 학교 종교교육문제에 관한 소고."『이종성 박사 회갑기 넘논문집』. 장로회신학대학 출판부, 1982.

_____. "기독교교육의 신학적 기초." 『기독교교육론』. 대한기독교교육협회, 1984.

_____. "선교 2세기를 향한 한국 교회교육의 과제." 「기독교사상」 1985년 7월호.

이석영. "농촌사회와 농민선교." 「기독교사상」 1984년 5월호.

전순복. "조선조 시대의 교육사상과 사회적 기반." 한국기독교사회문제연구원편. 『교육과 사회』. 민중사, 1983.

정웅섭. "교육문제사적으로 본 한국 개신교 교회교육 100년." 「한신논문」 1985. 3.

_____. "주일학교 200년 역사와 그 기독교교육적 의미." 『주일학교 200년의 의미』. 기독교선교교육원, 1981.

최종고. "한국 종교법의 역사적 기초." 『종교법 판례집』. 육법사, 1982.

차명희. "한국 가정의 위기." 「기독교사상」 1985년 2월호.

한승헌. "외국의 종교교육과 국가." 「기독교사상」 1982년 6월호.

III. 국외 도서

Abbott, S. J. & Walter M. *The Documents of Vatican II.* New York: Guild Press, 1966.

Adams, Bert. *The Family: A Sociological Interpretation.* Chicago: Rand McNally College Publishing Co., 1980.

Adamson, William R. *Bushnell Rediscovered.* Philadelphia: United Church Press, 1966.

Abrecht, Paul. *The Churches and Rapid Social Change.* New York: Doubleday and Co., 1961.

Alstine, George van. *The Christian and Public Schools.* Nashville: Abingdon Press, 1982.

Anderson, Bernhard. *The Unfolding Drama of the Bible.* New York: Association Press, 1957.

Anderson, Gerald H. ed. *Theology of Christian Mission.* New York: McGraw-Hill Book, 1961.

Bane Mary Jo. *Haw to say: American Families in the Twentieth Century.* New York: Basic Books, 1976.

Barclay, William. *Educational Ideals in the Ancient World.* Grand Rapids: Baker Book House, 1959.

Bennett, John C. *Christians and the State.* New York: Charles Scribner's Sons, 1958.

Bennett, John C. *Christian Social Ethics in a Changing World.* New York: Association

Press, 1965.

Bergevin, Paul and McKinley, John. *Design for Adult Education in the Church*. New York: Seabury Press, 1958.

Bower, Robert K. *Administering Christian Education*. Michigan: William B. Eerdmahs Publishing Co., 1964.

Brown, George I. *The Live Classroom*. London: Penguin Books, 1975.

Brubacher, John and Rudy, Willis. *Higher Education in Transition*. New York: Harper & Brothers, 1958.

Brumbaugh, Robert S. and Lawrence, Nathaniel M. *Philosophers on Education*. Boston: Houghton Mifflin Co., 1963.

Brunner, Emil. *The Divine Imperative*. London: Lutterworth Press, 1937.

Bucy, Randolph D. ed. *The New Laity*. Texas: Word Books, 1978.

Burgess, Ernest and others. *The Family*. New York: Litton Educational Publidung, 1963.

Bushnell, Horace. *Christian Nuritir*. New Haven: Yale University Press, 1960.

Butler, J. Donald. *Religious Education*. New York: Harper & Row, 1962

Brunner, Emil. *Truth as Edncounter*. Philadelphia: Westminster Press, 1964

Cantelon, John E. *A Protestant Approach to the Campus Ministry*. Philadelphia: Westminster Press, 1964.

Carlson, Edgar. *The Future of Church-Related Higher Education*. Minnesota: Augsburg Publishing House, 1977.

Carter, Henry. *The Methodist Heritage*. New York: Abingdon, 1951.

Cartwright, D. and Zander A. ed. *Group Dynamics*. New York: Harper and Row, 1968.

Cassidy, Richard J./Wan Sang Han. *Jesus, Politics and Society*. Seoul: *Christian Literature Society*, 1983.

Casteel, John L. *Spiritual Renewal Through Personal Groups*. New York: Association Press, 1957.

Coe George A. *What is Christian Education?* New York: Charles Scribner's Sons, 1929.

Congar, Yves. *Lay People in the Church*. London: Geoffrey Chapman, 1957.

Cox, Harvey. *The Secular City*. New York: The MacMillan Co., 1965.

Cully, Kendig B. *The Search for a Christian Education Sine 1945*. Philadelphia: Westminster Press, 1965.

_____. ed. *The Westminster Dictionary of Christian Education*. Philadelphia: The Westminster Press, 1963.

Cully, Iris V. *New Life for Your Sunday School*. New York: Seabury Press, 1979

_____. *Christian Worship and Church Education*. Philadelphia: Westminster Press, 1967.

Cullmann, Oscar./A. Stewart Todd and James B. Torrance. *Early Christian Worship.* Illinois: Alec R. Allenson, 1953.

Curtis, S.J. and Boultwood, M. E. A. *A Short History of Educational Ideas.* London: University Tutorial Press, 1953.

Dalglish, William. *The Family Centered Model*. Nashville: Division of Education United Methodist Board of Discipleship, 1974.

Dawson, Christopher. *The Crisis of Western Education*. London: Sheed and Ward, 1961.

_____. *Religion and the Rise of Western Culture*. New York: Sheed and Ward, 1950.

Dewey, John. *Democracy and Education*. New York: MacMillan Co., 1961.

Dillenberger, John and Welch, Claude. *Protestant Christianity*. New York: Charles Scribner's Sons, 1954.

Dillistone, F. W. *The Structure of the Divine Society*. Philadephia: Westminster Press, 1951.

Dodd, C. H. *The Apostolic Preaching and Its Development*. New York: Harper and Brothers, 1936.

Dudley, Carl S. *Where Have All Our People Gone?* New York: The Pilgrim Press, 1979.

Dulles, Avery. *Models of the Church*. New York: Doubleday and Co., 1978.

Dummelow, J. R. *A Commentary on the Holy Bible*. New York: The MacMillan Co., 1908.

Eavey, C. B. *History of Christion Education*. 김근수. 한국기독교교육연구원, 1980.

Emsberger, David. A. *Philosophy of Adult Christian Education*. Philadelphia: The Westminster Press, 1959.

Fairchild, Hoxie N. ed. *Religious Perspective in College Teaching*. New York: Ronald Press Co., 1952.

Farber, Bernard. *Family: Organization and Interaction*. San Francisco: Chandler

Publications, 1964.

Forrell, George W. *Christian Social Teachings.* New York: Doubleday and Co., 1966.

Fowler, James. *The Stages of Faith.* San Francisco: Harper and Row Publishers, 1981.

Frankie, Viktor. *Man's Search for Meaning.* New York: Washington Square Press, 1963.

Freire, Paulo. *Pedagogy of the Oppressed.* New York: Herder and Herder, 1970.

Fry, John R. *A Hard Look at Adult Christian Education.* Philadelphia: Westminster Press, 1961.

Fuller, Edmond. ed. *The Christian Idea of Eduction.* New Haven: Yale University Press, 1957.

Furmann, Paul T. *An Introduction to the Great Creeds of the Church.* Philadelphia: Westminster Press, 1960.

Gable, Lee J. *Christian Nurture Through the Church.* N.C.C.U.S.A., 1955.

Gangel, Kenneth. *24 Ways to Improve your Teaching.* Victor Books, Wheaton, 1974.

Gardener, E. Clinton. *Biblical Faith and Social Ethics.* New York: Harper & Row, 1960.

Good, H.G. *A History of Western Education.* New York: MacMillan Co., 1950.

Goodall, Norman. *The Ecumenical Movement.* London: Oxford University Press, 1961.

Gorden, Thomas, *Parent Effectiveness Training.* New York: Plume, 1975.

Graves, Frank. *A Student's History of Education.* Connecticut: Greenwood, 1936.

Grimes. *The Rebirth of the Laity.* Nashville: Abingdon Press, 1962.

_____. Howard. *The Church Redemptive.* Abingdon Press, 1958.

Gwynn, Price H. *Leadership Education in the Local Church.* Philadelphia: Westminster Press, 1952

Harkness, Georgia. *Christian Ethics.* Nashville: Abingdon Press, 1957

Harris, Maria. ed. *Parish Religious Education.* New York: Paulist Press, 1978.

Hedley, George. *Christian Worship.* New York: The MacMillan Co., 1953.

Herzog, Frederick. *Justice Church.* New York: Orbis Books, 1980.

Hildebrandt, Franz. *From Luther to Wesley.* London: Lutterworth Press, 1951.

Hiltner, Seward & Mennninger, Karl. ed. *Constructive Aspects of Anxiety.* New York: Abingdon Press, 1963.

Hoekendijk. *The Church Inside Out.* London: S. C. M. Press, 1964.

Hoon Paul. *The Integrity of Worships*. Nashville: Abingdon Press, 1971.

Huntington, F. D. *The Relation of the Sunday School to the Church*. Boston: Henry Hoyt, 1960.

Illich, Ivan. *Alternative to Schooling*. Australian Union of Students, 1972.

_____. *Deschooling Society*. New York: Harper and Row, 1972.

_____. *Celebration of Awareness*. New York: Doubleday and Co., 1971.

Jencks, Christopher, and Rieseman, David. *The Academic Revolution*. New York: Doubleday and Co., 1969.

Kelly, Alden. *The People of God*. Connecticut: Greenwich, 1962.

_____. *Christianity and Political Responsibility*. Philadelphia: The Westminster Press, 1961.

Kerr, Clark. *The Uses of the University*. Cambridge: Harvard University Press, 1963.

Kohler, Ludwig./A.S. Todd. *Old Testament Theology*. Philadelphia: Westminster Press, 1958.

Knoff, Gerald E. *The World Sunday School Movement*. New York: Seabury Press, 1979.

Knowles, Malcolm. *The Adult Learner: A Neglected Species*. Houston: Gulf Publishing Co., 1973.

Kraemer, Hendrik. *A Theology of the Laiiy*. Philadelphia: Westminster Press, 1959.

Landis, Berrson, com. *Rausekenbuseh*. New York: Harper and Brothers, 1957.

Lee, James Michael. *The Religious Education We Need*. Mishawaka: Religious Education Press, 1977.

Leeuwen, Arend Th. van. *Christianity in World History*. New York: Charles Scribner's Sons, 1964.

Leferre, Perry D. *The Christian Teacher*. Nashville: Abingdon Press, 1958.

Lehmann, Paul. *Ethics in a Christian Context*. New York: Harper and Row, 1963.

Leypoldt, Martha. *40 Ways to Teach in Groups*. Valley Forge: Judson Press, 1967.

_____. *Learning is Change*. Valley Forge: Judson Press, 1971.

Little, Sara. *Learning Together in the Christian Fellowship*. Richmond: John Knox Press, 1956.

Loder, James. *The Transforming Moment*. San Francisco: Harper and Row, 1981.

Lotz, Philip H. ed. *Orientation in Religious Education*. New York: Abingdon Press, 1950.

Lynn, Robert E. and Wright, Elliott. *The Big Little School*. Birmingham: Religious Education Press, 1980.

Martin, Ralph P. *Worship in the Early Church*. Michigan: Wm. B. Eerdmans Publishing Co., 1975.

Marty, Martin and Peerman, Dean. *A Handbook of Christian Theologians*. New York: World Publishing Co., 1965.

May, Rollo. *The Meaning of Anxiety*. New York: The Ronald Press, 1950.

McCormick, Patrick J. *History of Education*. Washington: Catholic University Press, 1953.

McCoy, Charles S. *The Responsible Campus*. Nashville: United Methodist Church, 1972.

McLuhan, Marshall. *Understanding Media*, New York: McGraw-Hill Book, 1964.

Michaelson, Carl. *The Rationality of Faith*. New York: Charles Scribner's Sons, 1963.

Miller, Haskel. *Compassion and Community*. New York: Association Press, 1961.

Miller, Randolph C. *Christian Nurture and the Church*. New York: Charles Scribner's Sons, 1961.

_____. *Education for Christian Living*. New Jersey: Prentice Hall, 1957

Minear, Pau. *Images of the Church in the New Testament*. Philadelphia: Westminster Press, 1960.

Minor, Harold D. ed. *Creative Procedures for Adult Groups*. Nashville: Abingdon Press, 1966.

Moltmann, Jurgen. *The Invitation to a Open Messianic Life-Style Church*. London: S.C.M. Press, 1978

_____. *The Church in the Power of the Spirit*, S.C.M. Press, LTD, 1977.

_____. *Religion, Revolution and the Future*, Charles Scribner's Sons, N.Y., 1969.

Monroe, Paul. *A Text-Book History of Education*. New York: MacMillan Co., 1916.

Morrow, Irene Henri./George Lamb. *A History of Education in Antiquity*. New York: Sheed and Ward, 1956.

Muelder, Walter. *The Foundations of the Responsible Society*. Nashville: Abingdon Press, 1957.

Mueller, William A. *Church and State in Luther and Calvin.* New York: Doubleday and Co., 1965.

_____. *The Prophetic Voice in Modern Fiction*, New York: Association Press, 1959.

Nelson, C. Ellis. *Where Faith Begins.* Richmond: John Knox Press, 1967.

Newbigin, Leslie. *Honest Religion for Secular Man.* Philadelphia: Westminster Press, 1966.

Newman, Murray L. *The People of the Covenant.* New York: Abingdon Press, 1962.

Niebuhr, H. Richard. *The Purpose of the Church and Its Ministry*, New York: Harper and Brothers, 1956.

_____. and Williams, Daniel D. *The Ministry in Historical Perspectives.* New York: Harper and Brothers, 1956.

_____. *Christ and Culture.* New York: Harper and Brothers, 1951.

Nouwen, Henri. *Creative Ministry.* New York: Doubleday and Co., 1971.

Ogburn, William. ed. *Recent Social Trends*, New York: McGraw-Hill, 1933.

Paik, Lak-Geoon George. *The History of Protestant Missions in Korea.* Seoul: Yonsei University Press, 1970

Painter, F.V.N. *A History of Education.* New York: D. Appleton and Co., 1909.

Parsons, Talcott. *Family, Socialization and Interaction.* New York: Free Press, 1955.

Patillo, Manning and Mackenzie, Donald. *Church-Related Higher Education in the U.S.* Washington: American Council on Education, 1966.

Pearse, Max M. *The Well Church School Book.* Berkeley: Stream Books, 1979.

Pohly, Kenneth. *The Contextual Model.* Nashville: United Methodist Board of Discipleship, 1974.

Rad, Gerhard Von. *Old Testament Theology.* New York: Harper and Row, 1962.

Raines, Robert. *The Secular Congregation.* New York: Harper and Row, 1968.

Rasmussen, Albert. *Christian Responsibility in Economic Life.* Philadelphia: The Westminster Press, 1965.

Rauschenbusch, Walter. *A Theology for the Social Gospel.* New York: Abingdon Press, 1917.

Reich, Charles. *The Greening of America.* New York: Random House, 1970.

Reichert, Richard. *A Learning Process for Religious Education.* Dayton: Pflaum Press, 1975.

Reid Clyde. *Group Alive-Church Alive.* New York: Harper and Row, 1969.

Reitz Rudiger. *The Church in Experiment.* New York: Abingdon Press, 1969,

Reinisch, Leonhard. *Theologians of our Time.* Indiana: University of Notre Dame Press, 1964.

Rice, Edwin W. *The Sunday School Union.* Philadelphia: American Sunday School Union, 1917.

Richardson, Allan. *The Political Christ.* London: SCM Press, 1973.

Rieseman, David. *Constraint and Variety in American Education.* New York: Doubleday and Co., 1958.

Roberts, J. Deotis, *Liberation and Reconciliation: A Black Theology.* Philadelphia: Westminster Press, 1973.

Rood, Wayne. *Understanding Christian Education.* Nashvill: Abingdon Press, 1970.

Russell, Letty M. *Christian Education in Mission.* Philadelphia: Westminster Press, 1967.

Sanders, Thomas G. *Protestant Concepts of Church and Staie.* New York: Holt Rinehard and Winston, 1964.

Sawin, Margaret. *Family Enrichment with Family Cluster.* Valley Forge: Judson Press, 1980.

_____. ed. *Hope for Families*, New York: Sadller, 1982,

Schaefer, James R. *Program Planning for Adult Christian Education.* New York: Newman Press, 1972.

Schmid, Jeannine. *Religion, Montessori, and the home.* New York: Benziger, 1969.

Seifert, Harvey. *The Church in Community Action.* New York: Abingdon Press, 1952

Seymour, Jack L. *From Sunday School to Church School.* University Press of America., 1982.

Shedd, Clarence P. *The Church Follows Its Students.* London: Yale University Press, 1938.

Shelp, Earl and Sunderland, Ronald, ed. *A Biblical Basis for Ministry*, Phildelphia: Westminster Press, 1981.

Shinn, Roger. *The Educational Mission of our Church.* Philadelphia: United Church Press, 1962.

Sherrill, Lewis. *The Gift of Power.* New York: MacMillan Co., 1959.

_____. *The Rise of Christian Education.* New York: The MacMillan Co., 1944.

Smart, James. *The Teaching Ministry of the Church.* Philadelphia: Westminster Press, 1954.

Smith, Harry E. *Secularization and the University.* Richmond: John Knox Press, 1968.

Smith, Leon. *Family Ministry.* Nashville: Discipleship Resources, 1975.

Smith, Seymour. *The American College Chaplaincy.* New York: Association Press, 1954.

Smith, Shelton. *Faith and Nurture.* New York: Charles Scribner's Sons, 1948.

Stokes, Anson P. and Pfeffer, Leo. *Church and State in the U.S.* New York: Harper and Row, 1964.

Swift, Fletcher H. *Education in Ancient Israel.* Chicago: The Open Court Publishing Co., 1919.

Taylor, C. *Sayings of the Jewish Fathers.* Cambridge, 1897.

Taylor, Marvin J. *An Introduction to Christion Education.* Nashville: Abingdon Press, 1966

Thompson, Norma H. ed. *Religious Education and Theology.* Birmingham: Religious Education Press, 1982.

Tillich, Paul. *Love, Power and Justice.* New York: Oxford University Press, 1960.

_____. ed. by Robert Kimball. *Theology of Culture.* New York: Oxford University Press, 1959.

_____. *The Courage to be.* New Haven: Yale University Press, 1952.

Toffler, Alvin, *The Third Wave*, William Morrow and Co., 1980.

Towns, Elmer. *A History of Religious Educators.* Michigan: Baker Hourse, 1975.

Trueblood, Elton. *Idea of a College.* New York: Harper and Brothers, 1959,

_____. *Alternative to Futility*, Harper and Brothers, 1948.

Trumbull, H. Clay. *The Sunday School.* John D. Wattles, 1888.

Underhill, Evelyn. *Worship.* New York: Harper and Brothers, 1936.

Vicedom, Georg F. *The Mission of God.* St. Louis: Concordia Publishing House, 1965.

Vieth, Paul H. *The Church and Christian Education.* The Bethany Press, 1947.

Walker, Alan, Life Line./Kyung Nam Yoon. *Christian Literature Societ.,* 1974.

Walker, Williston. *A History of the Christian Church.* New York: Charles Scribner's Sons, 1918.

Warford, Malcolm L. *The Necessary Illusion.* Philadelphia: United Church Press. 1976.

Webber, George W. *Today's Church.* Nashville: Abingdon Press, 1979.

_____. *The Congregation in Mission*. New York: Nashville: Abingdon Press, 1964.

Wentz, Frederick K. *The Layman's Role Today*. New York: Doubleday and Co., 1963.

Westerhoff III, John H. and Edwards. O.C. *A Faithful Church*. Connecticut: Morehouse Barlow Co., 1981.

_____. John H. and Willimon, William H. *Liturgy and Learning through Life Cycle*. New York: Seabury Press, 1980.

_____. John H. *Will Our Children Have Faith?* New York: Seabury Press, 1976.

_____. John H. *Values for Tomorrow's Children*. Philadelphia: Pilgrim Press, 1971.

White, James F. *Introduction to Christian Worship*. Nashville: Abingdon Press, 1981.

Whitney, John R. and Howe, Susan W. *Religious Literature of the West*. Minneapolis: Angusburg Publishing House, 1971.

Wilke, Richard B. *And Are We Yet Alive*. Nashville: Abingdon, 1986.

Williams, Colin. *The Church*. Philadelphia: Westminter, 1968.

_____. *John Wesley's Theology*. Nashville: Abingdon, 1960.

Williams, John G. *Worship and the Modern Child*. London: SPCK, 1962.

Wills, W. R. *200 years and Still Counting*. 유화자. 생명의말씀사, 1981.

World Council of Church. *The Church for Others*. Geneva, 1967.

Zarestsky, Eli. *Capitalism, The Family and Personal Life*. New York: Harper and Row, 1976.

IV. 국외 논문

Ackerman, James S. "The Indiana Summer Institute on Teaching the Bible in Secondary English." *Religious Education*. 1972.

Allen, Rodney F. "The Florida Religion-Social Studies Curriculum Project." *Religious Education*. 1972.

Fister, J. Blame. "The Teaching of Religion in the Pubic Schools." *Religious Education*. 1972.

Kelly, Dean M. "Religion, Education and the Constitution." *Religious Education*. 1980.

Kanter, Rosebeth M. "Alternative Family Forms." *Religious Education*. 1974.

Kathan, Boardman W. "Sunday School Revisited." *Religious Education*. 1980.

Knowles, Malcolm. "Adult Learning Processes." *Religious Education.* 1977.

Linthicum, Robert. "The House Church at Work Today." *International Journal of Religious Education.* 1967.

Sawin, Margaret. "The Family Enrichment the Challenge which unites us." *Religious Education.* 1980.

Schaefer, James R. "Roman Catholicism." *Religious Education.* 1977.

Scott, Kieran. "The Family, Feminism and Religious Education." *Religious Education.* 1980.

Smith, Richard U. "Religion and Public School Curriculum." *Religious Education.* 1972.

Steward, David. "Parent as Teacher." *Religious Education.* 1971.

Stokes, Kenneth. "Protestantism: Update on Adult Education in Churches and Synagogues." *Religious Education.* 1977.

Strommen, Merton. "The Future of Sunday School" *Religious Education.* 1983.

Whiteney, John R. "Pennsylvania 72 : Growth in the Study of Religious Literature and Tradition in the Secondary Schools." *Religious Education.* 1972.

Wyckoff, D. Campbell. "As American as Crab Grass." *Religious Education.* 1980.